JÖRG FÄRBER

Grüne HAUSMANNS-KOST

SATTMACHER MIT VIEL GEMÜSE UND WENIG FLEISCH

FOTOGRAFIE: MONA BINNER

Inhalt

Vorwort

Schon während meiner Ausbildung zum Koch Anfang der 1990er Jahre schwirrte mir die Idee eines eigenen Kochbuchs im Kopf herum. Ein bleibendes Werk mit meinen kreativen und einzigartigen Ideen aus der Küche. Aus diesem Traum ist nun viele Jahre später die »Grüne Hausmannskost« geworden.

Mit Hausmannskost verbinde ich vertraute Gerichte und Gerüche von früher, ein Stück Heimat auf dem Teller. Diese traditionelle, regional geprägte Küche zeitgemäß interpretieren: Weniger Fleisch oder Fisch, viel Gemüse, saisonal und regional gekocht und Zutaten und Aromen kreativ kombiniert – das verstehe ich unter moderner, grüner Hausmannskost.

Essen und Genießen sind etwas Wundervolles – für mich und meine Familie sind sie eine kleine Auszeit vom Alltag. Und mit meinen Gerichten möchte ich auch bei Ihnen kulinarische Erinnerungen wecken und für Glücksmomente sorgen.

Lassen Sie sich inspirieren, kochen Sie sich durch die Jahreszeiten und genießen Sie meine schönsten Rezeptideen! Viel Spaß beim Lesen und Nachkochen wünscht Ihnen

KOCH AUS LEIDENSCHAFT

Die Sehnsucht nach gutem Essen, nach Arbeit mit den eigenen Händen und nach Kreativität ziehen mich täglich an den Herd. Ich empfinde Freude und Stolz, wenn Familie und Freunde mein Essen genießen und dabei entspannt vom Alltag abschalten.

Note 1 mit Sternchen – »Herzlichen Glückwunsch, Sie haben die Gesellenprüfung zum Koch bestanden!« Das war 1993, ich war maßlos stolz und konnte mein Glück kaum fassen. Mein erster Kochmeister in Leipzig sagte mir dann: »Wenn du richtig gut werden willst, musst du auf Wanderschaft gehen und dich in aller Herren Länder inspirieren lassen.«

RAUS IN DIE WELT

Also packte ich meine Koffer und zog hinaus in die Welt. Mit 19 Jahren ging es erstmal für ein Jahr nach Italien – ohne ein Wort italienisch zu sprechen. Dort genoss ich im Sternerestaurant »Arnolfo« in der Toskana eine harte, aber schöne Schule. In der Küche durfte nur italienisch gesprochen werden, und sechs Tage die Woche, 16 Stunden am Tag wurde ein Gericht nach dem anderen gezaubert und verfeinert.

LEIDENSCHAFT PUR

Und dort mitten in diesem kleinen italienischen Dörfchen war es um mich geschehen. Die Produkte, die täglich geliefert wurden, das knackige Gemüse, der frische Fisch und das hochwertige Fleisch erreichten mein Genießerherz. Hier entstand meine Leidenschaft für die perfekte Zubereitung. Sie begleitete mich weiter auf meiner wunderschönen und lehrreichen Reise durch die Küchen dieser Welt. Es ging nach Kanada, Hawaii und Mallorca und in die Küchen verschiedenster deutscher Spitzenköche.

FIT FÜR DIE FEUERWEHR

Allerdings bedeutet Koch zu sein, harte Arbeit und wenig Zeit für die Familie. Deshalb kehrte ich in meine Heimatstadt Leipzig zurück und machte mit 28 Jahren meine zweite Leidenschaft zu meinem Beruf. Als Berufsfeuerwehrmann und Notfallsanitäter helfe ich jetzt täglich anderen Menschen. Dafür muss ich topfit sein. Neben viel Sport spielt eine gesunde Ernährung dabei natürlich eine wichtige Rolle. Aber welche Ernährungsform ist wirklich die Beste? Aus meiner Sicht auf jeden Fall die, mit der man sich wohl fühlt. Essen hat nichts mit Verzicht zu tun, sondern mit Genuss. Gutes Essen bedeutet sich wohlzufühlen.

FAMILIENKÜCHE

In meiner Familie spielen Kochen und Essen eine zentrale Rolle. Ich liebe es, auf dem Heimweg auf dem Markt oder beim Gemüsehändler anzuhalten oder rasch in den Garten zu schauen, welches Gemüse gerade erntereif ist. Danach entscheide ich, was am diesem Tag auf den Tisch kommt. Das anschließende Kochen muss schnell erledigt sein, denn lange Zubereitungszeiten passen nicht in unseren Familienalltag. Meist müssen die hungrigen Esser auch nicht lange warten, bis es aus der Küche duftet. Dann setzen sich alle gemeinsam zum Essen an den Tisch. Dabei wird über den Tag geredet, gelacht, diskutiert, geträumt oder auch schon überlegt, was wir morgen essen werden.

ESSEN IST GENIESSEN

Essen und Genießen sind meine kleine Auszeit vom Alltag. Und wenn das Kochen Spaß macht, geht es leicht von der Hand. Das ist es auch, was ich bei meinem TV-Auftritten weitergeben möchte. Wenn ich bei »MDR um vier« den Kochlöffel schwinge, möchte ich dem Publikum meine Liebe und Leidenschaft zeigen. Nämlich wie man gute

Lebensmittel einfach und schmackhaft zubereitet, um mit diesen Gerichten jeden Tag aufs Neue die Familie sowie Freunde und Gäste zu verwöhnen.

NACHHALTIG KOCHEN

Dass wir mit unserer Ernährung viel für das Klima tun können, weiß inzwischen eigentlich jeder. Aus diesem Grund ist Gemüse der Star auf meinen Tellern. Natürlich wird es auch mal von einer kleinen Portion Fleisch oder Fisch begleitet. Dabei zählt für mich aber vor allem: Klasse statt Masse. Und Lebensmittel wegzuwerfen, kommt bei uns überhaupt nicht in Frage. Gerade die bunt zusammengewürfelten Resteessen lieben unsere Kinder am meisten.
Bei der Auswahl meiner Rezepte habe ich außerdem besonders darauf geachtet, saisonale und regionale Zutaten zu verwenden. Voll ausgereifte Früchte und frisches Gemüse direkt vom Feld sind nicht nur gut für die Umwelt, sondern haben auch in ihrer jeweiligen Saison das beste Aroma.

LIEBLINGSGERICHT

Wenn ich gefragt werde, was ich am liebsten esse, muss ich echt lange überlegen. Ich gebe ganz offen zu: Ich habe kein wirkliches Lieblingsgericht, ich habe unzählige Lieblinge. Etliche davon stammen aus der Küche meiner Eltern oder Großeltern. Über Generationen hinweg haben sie einfach, aber besonders gekocht. Ob Opas blauer Karpfen oder Omas leckere Eierschecke, ob die Rouladen meiner Mutter oder die Bratkartoffeln meines Vaters, alles schmeckte einfach immer wunderbar. Diese Gerichte verbinde ich mit meiner Kindheit und wirklich gutem Essen – also typisch deutsche Hausmannskost.

GRÜNE HAUSMANNSKOST FÜR GENIESSER

Was ist das eigentlich? Ich verstehe unter »grüner Hausmannskost« gute, gesunde Gerichte mit dem gewissen Etwas, modern und nachhaltig zubereitet. Denn die Gerichte von heute werden für unsere Kinder die Hausmannskost von morgen sein.

Im 16. Jahrhundert verstand man unter Hausmannskost Speisen, die dem Hausherrn vorbehalten waren. Was wir heute als einfache, aber deftige und zugleich nahrhafte Gerichte verstehen, war früher dem Familienoberhaupt vorbehalten, enthielt es doch all die Zutaten, die nur in begrenztem Umfang zur Verfügung standen. Fleisch, Speck, Butter, Eier, Rahm und in manchen Gegenden Fisch, Krebse oder Muscheln.

KLASSISCHE HAUSMANNSKOST

Egal ob es die deutsche, italienische, spanische oder eine andere Küche ist, Hausmannskost-Gerichte sind deftig, kräftig und schwer. In den Rezepten werden bis heute vor allem die einfachen und ehrlichen Lebensmittel verwendet: Kartoffeln und Mehl, Wurzelgemüse, Blattkohl und anderes Blattgemüse, Zwiebeln, Butter und Sahne. Damit entstehen köstliche Gerichte, die eine ganze Weile satt halten, aber manchmal auch schwer verdaulich sind.

MODERN, LEICHT UND GRÜN

Meine moderne Interpretation der Hausmannskost ist dagegen leicht und grün. Sie besticht mit köstlichen, gut verdaulichen und zugleich sättigenden Gerichten. Viele klassische Zutaten sind auch hier vertreten. Kartoffeln, Rüben und anderes Wurzelgemüse enthalten viele Vitamine und Nährstoffe und machen auf gesunde Weise satt. Auch grüne Bohnen, Brokkoli, Blumenkohl und Kohlrabi zählen zu den nahrhaften Gemüsesorten. Blattgemüse sind besonders mineralstoffreich, allen voran Blattkohl, Mangold und Spinat. Wertvoll sind weiterhin Hülsenfrüchte wie Linsen, Bohnen und Kichererbsen sowie Nüsse und Kerne. In der modernen Hausmannskost werden diese Zutaten einfach, alltagstauglich und familienfreundlich zubereitet.
Außerdem stehen Nachhaltigkeit, Saisonalität und Regionalität beim Einkauf und in der Küche im Mittelpunkt. Deshalb spielen Fleisch, Fisch und andere Zutaten tierischen Ursprungs auch nur eine Nebenrolle. Das Gemüse ist der Star.

Eine gesunde, alltagstaugliche und familienfreundliche Küche – das ist moderne Hausmannskost.

Auf den Wochemarkt gehen, Lebensmittel beim Händler um die Ecke kaufen, Fleisch beim Bauern des Vertrauens oder Gemüse, Obst und Kräuter im eigenen Garten anbauen: Das ist Wertschätzung für die Produkte, die uns ernähren, und bereitet einfach viel Freude.

EIN STÜCK HEIMAT AUF DEM TELLER

Die meisten Hausmannskost-Rezepte sind regional geprägt und blicken auf eine lange Tradition zurück. Wir kennen sie seit unserer Kindheit und bringen sie intuitiv mit bestimmten Personen und Situationen in Verbindung. Einfache und bodenständige Rezepte, die über Generationen weitergegeben wurden. Es sind mir vertraute Gerichte und Gerüche von früher, Erinnerungen an meine Kindheit. Dabei kehre ich sofort gedanklich in die Küche meiner Eltern und Großeltern zurück.

HAUSMANNSKOST ZUM GENIESSEN

Essen weckt auch immer Gefühle, Stimmungen, Erinnerungen und Glücksmomente. Mit der grünen Hausmannskost kommt quasi ein Stück Heimat auf den Teller, aber eben in entstaubter Form, die in unsere moderne Welt passt. Beim Essen sorgen Duft und Geschmack des Gerichts ebenso für Genuss wie die Erinnerungen, die dabei entstehen. So lassen sich die altbekannten Rezepte von Oma und Opa zeitgerecht und aufgehübscht ganz neu entdecken. Essen ist Wohlfühlen und Genuss und genau das ist es, was ich in diesem Buch vermitteln möchte.

SELBST EINMACHEN – WIEDER VOLL IM TREND

Lange Regale mit eingestaubten Gläsern in feuchten Kellern, auf den Deckeln Jahreszahlen in verblasster Schrift und immer wieder die Frage, was drin ist. Schlaffe Bohnen, blasses Apfelmus, zerkochte Pflaumen, viele Gurken und Unmengen an Konfitüre.

Das sind meine Erinnerungen an den Keller meiner Großmutter. Nachdem sie nicht mehr bei uns war, standen die Gläser bei meinen Eltern im Keller. Hinzu kamen unzählige Gläser, die meine Mutter eingemacht hat. Und inzwischen stehen auch in unserem Keller etliche Gläser, denn die reichlichen Ernteerträge wollen konserviert werden. Viele Kleingärtner kennen die Situation wahrscheinlich: Auf einmal ist im Garten ganz viel Gemüse gleichzeitig reif und muss geerntet werden. So steht man plötzlich vor der Frage, wer das eigentlich alles essen soll! Weil die Familie nicht eine Woche lang nur Zucchini in unterschiedlichsten Farben und Varianten essen und wir einfach keine Lebensmittel wegwerfen wollen, ist Einmachen auch bei uns wieder voll im Trend.

Gesund und praktisch – ein Regal voll selbst eingemachter Köstlichkeiten

GESUND UND PRAKTISCH

Aber auch generell ist das Einmachen wieder sehr angesagt, denn immer mehr Menschen ernähren sich gesundheits- und umweltbewusst. Viele sind begeistert, wie durch die altbewährte Einmach-Methode Lebensmittel ohne Konservierungsstoffe oder andere künstliche Zusatzstoffe haltbar gemacht werden können.
Zudem ist im turbulenten Familienalltag auch nicht immer Zeit, um täglich frisch zu kochen. Wer eingekocht hat, kann immer schnell etwas Leckeres und Gesundes auf den Tisch zaubern und so den Griff zu ungesunder Fertigkost vermeiden. Und Rhabarberkompott im Glas, eingemachte Tomatensauce oder Senfgurken schmecken im Lauf des Jahres manchmal viel besser als in der Saison und wecken Erinnerungen an den Frühling und den Sommer.

SELBSTGEMACHTES VERSCHENKEN

Was soll man heutzutage jemandem schenken, der schon alles hat oder so minimalistisch lebt, dass er nichts Unnötiges mehr haben möchte? Gerade bei solchen Menschen kommt Eingemachtes gut an. Ob ein feines Chutney, eine win-

terliche Konfitüre oder ein Glas mit duftendem Gemüsebrühpulver – selbst gemachte Köstlichkeiten und Kochzutaten sind ein besonderes und sehr persönliches Geschenk.
Mit vorrauschauender Planung lässt sich vieles in den Erntemonaten für Geburtstag, Weihnachten und andere Anlässe einkochen. Die Zeiten, in denen »Selbermachen« ein Zeichen von Geldnot war, sind schon lange vorbei. Längst sind es auch nicht mehr nur Gemüse, Beeren und Gurken, die eingekocht oder eingemacht werden. Auch andere Früchte verbinden sich mit Gewürzen im Glas zu erlesenen Gaumenfreuden. Und wer einmal eine selbst eingekochte Brühe gekostet hat, wird keine gekaufte mehr essen wollen.

FRISCH UND DIREKT AB HOF EINKAUFEN

Ganz wichig: Die Zutaten für das Einmachen sollten immer erntefrisch sein, nur dann haben sie ihr volles Aroma. Doch was, wenn man selbst keinen Garten hat? Wer sich etwas Gutes tun will und Wert auf gesunde und nachhaltige Zutaten legt, nutzt die regionalen Angebote auf dem örtlichen Markt, beim Gärtner, im Hofladen oder vom nächsten Direktvermarkter. Bei vielen Direktvermarktern stehen jetzt auch praktische Selbstbedienungsautomaten, an denen man sich unabhängig von den Öffnungszeiten bedienen kann. Informieren Sie sich über das Angebot in Ihrer Umgebung, bestimmt werden Sie vor Ihrer Haustür so manches Schätzchen entdecken.

Einmachen leicht gemacht

HANDWERKSZEUG

Neben frischen Zutaten wird benötigt: Küchenwaage, Twist-off-Gläser oder Einmachgläser mit Gummiring, Deckel und Klammer, Kochthermometer, großer Kochtopf und Geschirrtücher. Spezielle Einweckautomaten erleichtern das Einmachen.

GLÄSER STERILISIEREN

Einfaches Ausspülen mit heißem Wasser reicht nicht, die Gläser müssen steril sein. Dafür Gläser und Glasdeckel auf ein Backblech stellen und im auf 150° vorgeheizten Backofen ca. 15 Min. erhitzen. Inzwischen Twist-off-Deckel und Gummiringe ca. 10 Min. in Essigwasser auskochen. Gläser und Glasdeckel aus dem Ofen nehmen und kopfüber auf einem Geschirrtuch abkühlen lassen.

EINMACHEN

Das vorbereitete Einmachgut in die Gläser füllen und diese mit Twist-off-Deckel oder mit Gummiring, Deckel und Klammern verschließen. Die Gläser in den Topf stellen und Wasser in der gleichen Temperatur wie die Gläser zugießen. Das Wasser je nach Einmachgut auf 75–100° erhitzen und die Temperatur mit dem Kochthermometer prüfen. Dann wie im Rezept angegeben einkochen. Nach dem Einmachvorgang die Gläser ca. 10 Min. im heißen Wasser stehen lassen. Danach herausnehmen, auf Geschirrtücher stellen und ganz auskühlen lassen. Bei Einmachgläsern die Klammern entfernen und prüfen, ob die Deckel fest sitzen. Die Gläser beschriften und kühl und dunkel (z. B. im Keller) lagern.

Frühling

Alles beginnt zu sprießen, das Grün in der Natur ist nie schöner. Um Grün geht es auch in der Küche: Jetzt stehen frisches regionales Gemüse, Salate und Kräuter im Mittelpunkt – Fleisch und Fisch spielen eine köstliche Nebenrolle.

LÖWENZAHNSALAT MIT KARTOFFEL-CROÛTONS

4 Personen

30 Min.

Pro Portion
ca. 305 kcal

* 50 g rote Linsen
* 2 Tomaten
* ½ Bund Schnittlauch
* 6 EL Olivenöl
* 2 EL Obstessig
* 1 Prise Zucker
* Salz, Pfeffer
* 300 g Löwenzahn
* 1 kleiner Frisée (ersatzweise Rucola)
* 1 Knolle Fenchel
* 3 mittelgroße Kartoffeln
* 1 Zweig Rosmarin
* 1 EL Butter
* 4 EL Zitronensaft

1. Für den Salat die Linsen in einem Sieb kalt abspülen. Dann mit 200 ml Wasser aufkochen und in 10–15 Min. weich garen. In ein Sieb abgießen, kalt abschrecken und abtropfen lassen.

2. Inzwischen die Tomaten waschen und vierteln. Stielansatz und Kerne entfernen und das Fruchtfleisch fein würfeln. Schnittlauch waschen, trocken schütteln und in feine Röllchen schneiden. Tomatenwürfel, 4 EL Olivenöl, Essig, Zucker, Salz und Pfeffer in einen hohen Rührbecher geben und mit einem Pürierstab cremig mixen. Schnittlauch und Linsen unter die Vinaigrette rühren.

3. Löwenzahn und Frisée putzen, waschen und trocken schleudern. Die Blätter in mundgerechte Stücke zupfen. Fenchel putzen, waschen, halbieren und den Strunk herausschneiden. Die Hälften fein hobeln oder in hauchdünne Streifen schneiden. Fenchel und Salat in eine Schüssel geben.

4. Für die Croûtons die Kartoffeln schälen und in 1 cm große Würfel schneiden. Rosmarin waschen, trocken schütteln und die Nadeln fein hacken. Das übrige Öl (2 EL) in einer Pfanne erhitzen und die Kartoffelwürfel darin bei mittlerer Hitze rundum 4–5 Min. braten. Rosmarin und Butter zugeben und mit Zitronensaft ablöschen. Die Croûtons mit Salz und Pfeffer würzen, aus der Pfanne nehmen und auf Küchenpapier entfetten.

5. Die Vinaigrette über den Salat träufeln und unterheben. Salat und Croûtons auf vier Tellern anrichten und servieren.

Tipp

GESUNDER LÖWENZAHN

Im Frühling sprießt Löwenzahn überall. Die essbare Pflanze lässt sich vielfältig verwenden, z. B. für Pesto, Sirup oder Tee. Ihre gelben Blüten nicht wegwerfen, sie geben diesem Salat als Deko einen frühlingshaften Touch.

KOHLRABI-APFEL-SALAT MIT PORTULAK

Kohlrabi hat Charakter! Das Gemüse ist besonders bei Gärtnern beliebt, die frühe Ernteerfolge erleben wollen. Auch den gesunden Portulak – oder Tellerkraut – kann man im zeitigen Frühjahr aus dem Hochbeet ernten.

4 Personen

20 Min.

Pro Portion
ca. 110 kcal

* 50 g Portulak (ersatzweise Feldsalat, Brunnenkresse)
* 2 große Kohlrabi
* 1 säuerlicher Apfel
* 2 Stängel Minze
* 100 g Joghurt (10 % Fett)
* 80 g saure Sahne
* 2 EL Zitronensaft
* 1 EL Olivenöl
* Salz, Pfeffer

1. Portulak putzen, waschen und trocken schleudern. Kohlrabi schälen und in 1 cm große Würfel schneiden. Apfel waschen, vierteln und entkernen. Die Viertel quer in Scheiben schneiden. Portulak, Kohlrabi und Apfel in eine Schüssel geben.

2. Die Minze waschen und trocken schütteln. Die Blätter abzupfen, fein schneiden und zum Salat geben.

3. Joghurt, saure Sahne, Zitronensaft und Olivenöl in einer Schale zu einem Dressing verrühren. Kräftig mit Salz und Pfeffer würzen.

4. Das Dressing über den Salat träufeln und unterheben. Den Salat in vier Schalen anrichten und servieren.

FRÜHLINGSSALAT MIT SPARGEL UND BROTCHIPS

Frühlingszeit ist Spargelzeit – nach einem langen Winter sehnen viele den ersten Spargel herbei. Hier kommt er in einem superfrischen Salat daher.

4 Personen

30 Min.

Pro Portion
ca. 495 kcal

- 2 Brötchen vom Vortag (ersatzweise ½ Ciabatta)
- 1 Knoblauchzehe
- 10 EL Olivenöl
- 200 g reife Kirschtomaten
- 2 Prisen Zucker
- Salz, Pfeffer
- 500 g grüner Spargel
- 2 EL Butter
- 1 kleiner Kohlrabi
- 150 g Salat-Mix (z. B. Eichblatt, Löwenzahn, Radicchio, junger Spinat)
- 2 EL Weißweinessig
- 4 EL Walnussöl

1. Für die Brotchips den Backofen auf 200° vorheizen, ein Backblech mit Backpapier belegen. Brötchen in dünne Scheiben schneiden, Knoblauch schälen und fein hacken. Brötchen und Knoblauch auf das Blech geben, mit 4 EL Olivenöl beträufeln und mit den Händen vermischen. Die Scheiben dann nebeneinander auf das Blech legen und im Ofen (Mitte) 8–10 Min. rösten. Herausnehmen und abkühlen lassen.

2. Inzwischen für den Salat die Tomaten waschen, quer halbieren und in eine kleine Auflaufform legen. Mit 1 Prise Zucker, Salz und Pfeffer würzen und mit 3 EL Olivenöl beträufeln. Die Tomaten im Ofen (Mitte) ca. 12 Min. garen. Herausnehmen, mit einer Gabel leicht andrücken und abkühlen lassen.

3. Den Spargel waschen und die Enden 2 cm breit abschneiden. Die Stangen schräg in Stücke schneiden. Die Butter in einer Pfanne erhitzen und den Spargel darin bei mittlerer Hitze 3–4 Min. braten. Mit Salz und Pfeffer würzen und etwas abkühlen lassen.

4. Den Kohlrabi schälen, halbieren und in dünne Scheiben hobeln. Die Scheiben in einer Schüssel mit 1 Prise Salz und übrigem Olivenöl (3 EL) marinieren. Salat-Mix waschen, trocken schleudern und mundgerecht zerpflücken.

5. Essig, 1 Prise Zucker und Salz mit einem Schneebesen verrühren. Pfeffer und Walnussöl unter die Vinaigrette rühren.

6. Tomaten, Spargel, Kohlrabi, Salat und die Hälfte der Brotchips in eine große Schüssel geben. Mit der Vinaigrette beträufeln und unterheben. Den Salat auf vier Tellern anrichten, mit den übrigen Brotchips garnieren und servieren.

BUTTERMILCHSUPPE MIT BÄRLAUCH-CROÛTONS

Schon die Ägypter vor 4500 Jahren schätzten Buttermilch wegen ihrer feinen Säure als Durstlöscher. Heute gilt sie als Delikatesse in der Gourmetküche.

4 Personen

30 Min.

Pro Portion
ca. 375 kcal

---

* 400 g mehligkochende Kartoffeln
* 2 kleine Zwiebeln
* 5 EL Butter
* 1 EL Mehl
* 500 ml Gemüsebrühe
* 500 ml Buttermilch
* Salz, Pfeffer
* 4 Scheiben Schwarzbrot
* 1 Birne
* ½ Bund Bärlauch

Tipp

Wenn der Bärlauch keine Saison mehr hat, ersetzen Sie ihn einfach durch Frühlingszwiebeln oder Brunnenkresse.

1. Für die Suppe die Kartoffeln schälen und in kleine Würfel schneiden. Zwiebeln schälen und fein würfeln. 3 EL Butter in einem Topf erhitzen und die Zwiebeln darin 2–3 Min. andünsten. Mit Mehl bestäuben, verrühren und die Brühe zugießen. Die Kartoffeln zugeben und in der Brühe 15–20 Min. köcheln lassen.

2. Danach die Suppe mit einem Pürierstab im Topf fein mixen. Die Buttermilch zugießen und die Suppe ca. 5 Min. weiterköcheln lassen. Mit Salz und Pfeffer abschmecken.

3. Für die Croûtons die Brotscheiben würfeln. Birne waschen, halbieren und entkernen. Die Hälften klein würfeln. Bärlauch waschen, trocken schütteln und in feine Streifen schneiden.

4. Die übrige Butter (2 EL) in einer Pfanne erhitzen und die Brotwürfel darin rundum knusprig rösten. Birnenwürfel und Bärlauch zugeben und alles kurz durchschwenken.

5. Die Bärlauch-Croûtons auf vier Suppenschalen verteilen. Die heiße Suppe mit dem Pürierstab nochmals aufmixen, über die Croûtons gießen und sofort servieren.

SPARGELSUPPE MIT ZANDER UND FORELLENKAVIAR

Ob weiß oder grün, Spargel ist einer der kulinarischen Höhepunkte des Jahres. Diese Suppe mit Fisch und Kaviar ist besonders – und ideal für Gäste.

4 Personen

30 Min.

Pro Portion
ca. 320 kcal

- 20 Stangen weißer Spargel
- 800 ml Spargelfond (s. S. 51)
- 5 EL Butter
- 1 Zwiebel
- 1 TL Zucker
- 100 ml weißer Traubensaft
- 100 g Sahne
- 200 g Zanderfilet
- 1 Zweig Rosmarin
- Salz
- 4 Stängel Kerbel
- 2 EL Zitronensaft
- 4 EL Forellenkaviar

1. Den Spargel schälen und holzige Enden abschneiden. Dann die Spitzen der Stangen ca. 7 cm lang abschneiden, die restlichen Stangen klein schneiden. Den Spargelfond in einem Topf aufkochen und die Spargelspitzen darin in 5–7 Min. bissfest garen. Mit einer Schaumkelle herausnehmen und in einer Pfanne mit 1 EL Butter warm halten. Den Fond beiseitestellen.

2. Die Zwiebel schälen und fein würfeln. In einem Topf 2 EL Butter erhitzen. Zwiebel, Spargelstücke und Zucker darin andünsten. Mit Traubensaft ablöschen und einkochen lassen. Spargelfond und Sahne zugießen und die Suppe ca. 15 Min. köcheln lassen.

3. Inzwischen das Zanderfilet kalt abbrausen, trocken tupfen und in 4 Stücke schneiden. Rosmarin waschen und trocken schütteln. Die restliche Butter (2 EL) in einer Pfanne erhitzen und die Filets mit der Hautseite nach unten hineinlegen. Leicht salzen, den Rosmarinzweig zugeben und bei mittlerer Hitze ca. 4 Min. braten. Die Filets dann wenden und in ca. 3 Min. gar ziehen lassen. Den Kerbel waschen und trocken schütteln.

4. Die Suppe mit einem Pürierstab aufmixen. Mit Zitronensaft und Salz abschmecken und in vier Suppentellern anrichten. Die Spargelspitzen darin verteilen. Je 1 Zanderfilet und 1 EL Forellenkaviar auf die Suppe setzen, mit Kerbel garnieren und servieren.

PERLGRAUPEN-TOPF MIT ERBSEN UND KERBEL

Der eine mag Graupen, der andere nicht. Dieser Eintopf mit Parmesan ist jedoch wirklich köstlich und lässt mich an meine Zeit in Italien denken.

4 Personen

45 Min.

Pro Portion
ca. 575 kcal

- 250 g Perlgraupen
- 100 g Bauchspeck in Scheiben
- 2 Zwiebeln
- 3 EL Olivenöl
- 150 ml Weißwein (ersatzweise heller Traubensaft)
- 800 ml Hühnerbrühe (s. S. 141, ersatzweise gekauft)
- 300 g TK-Erbsen
- 1 Bund Kerbel (ersatzweise Petersilie)
- 100 g Parmesan am Stück
- 2 EL Butter

1. Die Perlgraupen in einem Sieb kalt abspülen und abtropfen lassen. Den Bauchspeck würfeln. Die Zwiebeln schälen und in kleine Würfel schneiden.

2. In einem mittelgroßen Topf 1 EL Olivenöl erhitzen. Speck und Zwiebeln darin glasig anschwitzen. Die Graupen zugeben und ca. 2 Min. mitdünsten, dabei regelmäßig umrühren. Mit Weißwein ablöschen und diesen unter Rühren verdampfen lassen. Dann 600 ml Brühe zugießen und alles bei mittlerer Hitze ca. 20 Min. köcheln lassen, dabei gelegentlich umrühren.

3. Erbsen und übrige Brühe (200 ml) zugeben und den Eintopf bei schwacher Hitze 10–15 Min. weiterköcheln lassen, bis die Perlgraupen weich sind. Inzwischen den Kerbel waschen, trocken schütteln und klein schneiden. Parmesan reiben.

4. Kerbel, Parmesan, Butter und übriges Olivenöl (2 EL) zum Eintopf geben. Kräftig verrühren, bis der Eintopf eine sämige Konsistenz bekommt. Den Eintopf in vier Schalen anrichten und servieren.

Tipp

Wenn keine Perlgraupen zur Hand sind, schmeckt der Eintopf auch mit Risotto-Reis. Vegetarisch wird er mit 1 kleinen Apfel oder Birne statt Bauchspeck serviert und mit Gemüsebrühe statt Hühnerbrühe aufgegossen.

Vorratsküche im Frühling

Egal, ob süß oder herzhaft – Eingemachtes und Dips sind lange haltbar und superpraktisch. Denn wenn der Kühlschrank einmal leer ist, kann man damit jederzeit rasch ein leckeres Gericht kochen und Familie oder Gäste verzaubern.

4 Twist-off-Gläser (à 250 ml)

15 Min. + 30 Min. Garen

Pro Portion (à 125 ml) ca. 105 kcal

* 700 g roter Rhabarber (Holsteiner Blut, Himbeerrhabarber)
* 1 Bio-Zitrone
* 190 g Zucker
* 1 Vanilleschote

HOLSTEINER-BLUT-RHABARBERKOMPOTT

1. Den Rhabarber putzen, waschen und die Stangen schräg in 4–5 cm lange Stücke schneiden. Die Stücke in die sterilisierten Gläser schichten und gut andrücken. Zitrone heiß abwaschen, abtrocknen und mit einem Sparschäler 4 Schalenstreifen abziehen. Die Streifen in die Gläser verteilen, die Zitrone auspressen.

2. Zitronensaft, Zucker und 300 ml Wasser aufkochen. Vanilleschote längs halbieren, das Mark herausschaben und zugeben. Alles köcheln lassen, bis sich der Zucker aufgelöst hat.

3. Den Backofen auf 90° vorheizen. Die heiße Zuckerlösung in die Gläser gießen, bis der Rhabarber bedeckt ist. Die Gläser verschließen, in eine Auflaufform stellen und zwei Drittel hoch kochendes Wasser zugießen. Im Ofen (Mitte) ca. 30 Min. garen. Den Backofen ausschalten und die Gläser darin auskühlen lassen. Kühl und dunkel gelagert ist das Kompott ca. 1 Jahr haltbar.

Tipp

Alternativ zum Backofen können Sie das Kompott auch in einem großen Topf einmachen. Dafür ein Geschirrtuch auf den Topfboden legen und die befüllten Gläser hineinstellen. Den Topf dann vollständig mit heißem Wasser füllen und dieses ca. 30 Min. sanft köcheln lassen.

4 Twist-off-Gläser (à 250 ml)

45 Min.

Pro Portion (à 50 ml) ca. 50 kcal

* 500 g säuerliche Äpfel (z. B. Boskop)
* 250 g Zwiebeln
* 1 EL Olivenöl
* 100 g Zucker
* 100 ml Apfeldicksaft (ersatzweise Agavendicksaft)
* 1 Msp. Chiliflocken
* 1 Msp. gemahlener Koriander
* 1 Msp. gemahlene Kurkuma
* Salz, Pfeffer

APFEL-ZWIEBEL-CHUTNEY

1. Die Äpfel schälen, vierteln und entkernen. Die Viertel in kleine Würfel schneiden. Die Zwiebeln schälen und fein würfeln.

2. Das Öl in einem Topf erhitzen und die Zwiebeln darin glasig andünsten. Äpfel, Zucker, Apfeldicksaft, Chiliflocken, Koriander, Kurkuma, 1 Prise Salz und Pfeffer einrühren. Das Chutney bei mittlerer Hitze ca. 30 Min. köcheln lassen.

3. Das heiße Chutney randvoll in die sterilisierten Gläser füllen. Die Gläser verschließen, kopfüber stellen und abkühlen lassen. Kühl und dunkel gelagert ist das Chutney ca. 8 Monate haltbar.

MÖHREN-RÖSTI MIT HASELNUSS-FRISCHKÄSE

Rösti aus Kartoffeln sind ein Klassiker der Alpenküche, aber auch mit Möhren schmecken sie köstlich. Kombiniert mit Frischkäse und Nüssen werden sie zu einer feinen Mahlzeit für die ganze Familie.

4 Personen

40 Min.

Pro Portion
ca. 415 kcal

---

* 500 g Möhren
* 1 TL Zucker
* ½ Bund Schnittlauch
* 3 kleine Zwiebeln
* 3 EL Mehl
* 2 Eier (M)
* 1 Prise edelsüßes Paprikapulver
* Salz, Pfeffer
* 2 EL Sonnenblumenöl
* 100 g gehobelte Haselnusskerne
* 1 Bund gemischte Kräuter (z. B. Dill, Kerbel, Petersilie)
* 100 g Frischkäse
* 100 g Joghurt
* 2 EL Milch
* 2 EL Zitronensaft

1. Für die Rösti die Möhren schälen und auf einer Küchenreibe grob raspeln. Die Möhrenraspel in einem Geschirrtuch kräftig ausdrücken und den austretenden Saft in einem kleinen Topf auffangen.

2. Zucker und 2 EL Wasser zum Möhrensaft geben und diesen sirupartig einkochen lassen. Schnittlauch waschen, trocken schütteln und in feine Röllchen schneiden. Unter den Möhrensirup rühren und diesen beiseitestellen.

3. Zwiebeln schälen und in feine Würfel schneiden. Möhrenraspel, Zwiebeln, Mehl, Eier, Paprikapulver, Salz und Pfeffer behutsam verrühren. Das Öl in einer Pfanne erhitzen, jeweils 1 EL Möhrenmasse hineinsetzen und zu kleinen runden Rösti formen. Die Rösti von beiden Seiten in 2–3 Min. knusprig braten. Fertige Rösti aus der Pfanne nehmen und auf Küchenpapier entfetten. So fortfahren und insgesamt 8 Rösti braten.

4. Für den Frischkäse die Haselnüsse in einer Pfanne ohne Öl bei mittlerer Hitze rösten. Die Kräuter waschen, trocken schütteln und fein schneiden. Frischkäse, Joghurt und Milch verrühren. Geröstete Haselnüsse und Kräuter unterrühren und den Dip mit Zitronensaft, Salz und Pfeffer abschmecken.

5. Die Möhren-Rösti mit dem Dip auf vier Tellern anrichten. Mit dem Möhrensirup beträufeln und servieren.

MILCHREIS MIT BRATWURST

Zuerst habe ich die Stirn gerunzelt bei diesem Gericht, das im Osten Deutschlands und besonders in Sachsen-Anhalt gerne gegessen wird. Aber ich muss zugeben: Die Verbindung von süß und herzhaft schmeckt richtig lecker.

4 Personen

15 Min. + 25 Min. Quellen

Pro Portion
ca. 750 kcal

- 1 l Milch
- 60 g Zucker
- Salz
- 250 g Milchreis (Rundkornreis)
- 2 Stängel Majoran (ersatzweise 1 TL getrockneter Majoran)
- 2 EL Butter
- 1 EL Olivenöl
- 4 grobe Bratwürste (ersatzweise vegetarische Bratwürste)

1. Die Milch in einem mittelgroßen Topf langsam erhitzen. Zucker, 1 Prise Salz und Reis einrühren. Den Milchreis dann zugedeckt bei kleiner Hitze 20–25 Min. quellen lassen.

2. Majoran waschen, trocken schütteln und die Blätter abzupfen. Butter und Olivenöl in einer Pfanne erhitzen und die Bratwürste darin rundum goldbraun braten. Herausnehmen und in Scheiben schneiden. Die Wurstscheiben dann mit dem Majoran zurück in die Pfanne geben und in der Bratbutter schwenken.

3. Den Milchreis auf vier Teller verteilen. Die Bratwurststücke mit der Majoranbutter darauf anrichten und servieren.

MAKKARONI-KÄSE-MUFFINS

Spaghetti carbonara in Italien, Mac'n'Cheese in den USA oder Nudeln mit Käsesauce bei uns – überall liebt man dieses Gericht. Ich backe es gerne als Muffins. Die schmecken als Snack und auch prima als Pausenbrot in der Schule.

8 Stück

25 Min. + 20 Min. Backen

Pro Stück
ca. 255 kcal

* 150 g Makkaroni (ersatzweise kurze Nudeln)
* Salz
* 1 EL Butter
* 1 EL Mehl
* 200 ml Milch
* 50 g TK-Erbsen
* 50 g Kochschinken
* 200 g Parmesan am Stück (ersatzweise Cheddar)
* 60 g Frischkäse
* Pfeffer
* 2 Eier (M)
* 1 EL Semmelbrösel

AUSSERDEM

* 12er-Muffinform
* Butter für die Form

1. Die Makkaroni nach Packungsanweisung in Salzwasser bissfest garen. In ein Sieb abgießen und abtropfen lassen.

2. In der Zwischenzeit den Backofen auf 200° vorheizen, 8 Mulden der Muffinform mit Butter einfetten.

3. Die Butter in einer Pfanne schmelzen. Das Mehl mit einem Schneebesen einrühren und unter Rühren hell anschwitzen. Die Milch zugießen und glatt rühren. Die Erbsen zufügen und die Sauce bei mittlerer Hitze unter Rühren aufkochen. Dann den Herd ausschalten und die Sauce leicht abkühlen lassen.

4. Den Kochschinken in Würfel schneiden, den Parmesan reiben. Schinkenwürfel, Parmesan und Frischkäse in eine Schüssel geben. Die Sauce zugießen, mit 1 Prise Salz und Pfeffer würzen und verrühren. Abgetropfte Nudeln und Eier untermischen.

5. Die Nudelmasse gleichmäßig auf 8 Formmulden verteilen. Mit den Semmelbröseln bestreuen und im Ofen (Mitte) ca. 20 Min. backen. Die Muffins aus dem Ofen nehmen, leicht abgekühlt aus der Form lösen und lauwarm oder kalt servieren.

DIBBELLABBES MIT ROHKOST UND REMOULADE

Die Kartoffelpfanne mit Dörrfleisch ist ein Klassiker im Saarland. Hier stattdessen einfach und schmackhaft modernisiert mit Rohkost und Remoulade.

4 Personen

50 Min.

Pro Portion
ca. 520 kcal

- 1 kg festkochende Kartoffeln
- 200 g Zwiebeln
- 400 g frisches Sauerkraut
- 5 Eier (M)
- 1 EL Kartoffelstärke
- ½ TL frisch geriebene Muskatnuss
- Salz, Pfeffer
- 2 EL Rapsöl
- 1 TL Kapern (aus dem Glas)
- 2 kleine Gewürzgurken (aus dem Glas)
- ½ Bund Schnittlauch (ersatzweise Dill)
- 4 EL Mayonnaise
- 300 g Joghurt
- 1 TL Kapernsud (aus dem Glas)
- 2 EL Gurkensud (aus dem Glas)
- 2 Möhren
- 1 rote Paprika
- 1 Salatgurke
- 100 g Radieschen
- 1 EL Olivenöl

1. Für die Dibbellabes Kartoffeln und Zwiebeln schälen und in der Küchenmaschine oder auf einer Küchenreibe raspeln. Das Sauerkraut fein schneiden. Alles in einem Geschirrtuch auspressen.

2. In einer Schüssel 2 Eier und Stärke verquirlen. Ausgepresste Kartoffeln, Zwiebeln und Kraut zugeben. Mit Muskatnuss, Salz und Pfeffer würzen und verrühren. Aus der Masse 8 Puffer formen.

3. Den Backofen auf 100° vorheizen. Das Rapsöl in einer Pfanne erhitzen und die Puffer darin portionsweise von jeder Seite in 3–4 Min. goldbraun braten. Fertige Puffer aus der Pfanne nehmen, auf Küchenpapier entfetten und im Ofen warm halten.

4. Für die Remoulade die übrigen 3 Eier in ca. 8 Min. hart kochen. Dann kalt abschrecken, pellen und fein hacken. Inzwischen Kapern und Gewürzgurken getrennt abtropfen lassen. Schnittlauch waschen und trocken schütteln. Kapern und Schnittlauch sehr fein schneiden, Gewürzgurken in kleine Würfel schneiden.

5. Mayonnaise, 100 g Joghurt, Kapern- und Gurkensud verrühren. Eier, Kapern, Gurken und Schnittlauch einrühren. Die Remoulade mit Salz und Pfeffer abschmecken und kühlen.

6. Für den Rohkostsalat die Möhren schälen. Paprika waschen, halbieren, weiße Trennwände und Kerne entfernen. Beides in dünne Streifen schneiden. Gurke waschen, halbieren und die Kerne herausschaben. Die Gurke in dünne Scheiben schneiden. Radieschen putzen, waschen und fein raspeln.

7. Das Gemüse in eine Schale geben. Den übrigen Joghurt (200 g) mit Olivenöl, Salz und Pfeffer verrühren. Über das Gemüse träufeln und locker unterheben. Die Dibbellabbes mit dem Rohkostsalat und der Remoulade servieren.

OFENKARTOFFELN MIT MEERRETTICH-NUSS-QUARK

Kartoffeln mit Quark? Ein absoluter Klassiker. Das ist einfach zuzubereiten und schmeckt sehr lecker. Hier in einer verfeinerten Variante.

4 Personen

1 Std.

Pro Portion
ca. 715 kcal

* 8 mehligkochende Kartoffel (à 200 g)
* 4 EL Olivenöl
* grobes Meersalz
* 80 g Walnusskerne
* 60 g Kürbiskerne
* 10 cm Meerrettichwurzel
* 2 Äpfel
* 1 Salatgurke
* 250 g Quark
* 1 TL Zitronensaft
* 1 TL Apfeldicksaft (ersatzweise Agavendicksaft)
* Salz, Pfeffer
* 2 EL Kürbiskernöl

1. Für die Ofenkartoffeln den Backofen auf 200° vorheizen, ein Backblech mit Backpapier belegen. Die Kartoffeln waschen, abtrocknen und auf das Blech legen. Mit dem Olivenöl einreiben und mit 1 EL Salz bestreuen. Die Kartoffeln im Ofen (Mitte) je nach Größe in 50–60 Min. weich garen. Zur Garprobe mit einem spitzen Messer hineinstechen.

2. Inzwischen für den Quark die Walnüsse in einer Pfanne ohne Öl rösten. Herausnehmen, abkühlen lassen und grob hacken. Dann die Kürbiskerne in der Pfanne ohne Öl rösten und für die Dekoration beiseitestellen.

3. Meerrettich schälen und fein raspeln. Äpfel waschen und bis auf das Kerngehäuse in Streifen raspeln. Gurke waschen, längs halbieren und die Kerne herausschaben. Die Hälften grob in ein Sieb raspeln, leicht salzen und kurz ziehen lassen. Danach das entstandene Gurkenwasser herausdrücken.

4. Quark, Walnüsse, zwei Drittel vom Meerrettich, Äpfel, Gurke, Zitronensaft und Apfeldicksaft in einer Schüssel verrühren. Den Quark mit Salz und Pfeffer würzen.

5. Die Kartoffeln aus dem Ofen nehmen, längs einschneiden und auf vier Teller setzen. Den Quark in den Einschnitten verteilen. Mit Kürbiskernöl beträufeln, mit dem restlichen Meerrettich und den gerösteten Kürbiskernen bestreuen und servieren.

Tipp

Statt im Ofen lassen sich die Kartoffeln auch als Folienkartoffeln in der Glut eines Lagerfeuers zubereiten. Dafür die Kartoffeln mit Öl einreiben, in Alufolie wickeln und am Rand des Feuers ca. 30 Min. in die Glut legen.

HERINGSHÄCKERLE AUF PUMPERNICKEL

Bei keinem Geburtstag meiner Mutter durfte dieser Heringssalat aus der schlesischen Küche fehlen. Löffelweise habe ich ihn als Kind gegessen – nur den Aquavit danach durfte ich leider nie trinken.

4 Personen

20 Min.

Pro Portion
ca. 645 kcal

* 3 Eier (M)
* 2 große Gewürzgurken (aus dem Glas)
* 6 Matjesfilets
* 1 säuerlicher Apfel
* 4 Stängel Dill
* ½ Bund Schnittlauch
* 1 EL körniger Senf
* Pfeffer
* 100 g Butter
* 4 Scheiben Pumpernickel

1. Die Eier in ca. 8 Min. hart kochen. Danach kalt abschrecken und pellen. Inzwischen die Gewürzgurken abtropfen lassen. Gurken und Matjes in kleine Würfel schneiden. Den Apfel schälen, halbieren und entkernen. Die Hälften ebenfalls in kleine Würfel schneiden. Gurken, Matjes und Apfel in eine Schüssel geben.

2. Dill waschen, trocken schütteln und fein hacken. Schnittlauch waschen, trocken schütteln und in feine Röllchen schneiden. Die Eier halbieren und in kleine Stücke schneiden. Kräuter und Eier ebenfalls in die Schüssel geben und alles vermischen. Den Senf unterziehen und den Heringssalat mit Pfeffer abschmecken.

3. In einer Pfanne 1 EL Butter erhitzen und die Pumpernickelscheiben darin von beiden Seiten rösten. Die Scheiben herausnehmen, auf Küchenpapier entfetten und auf vier Teller verteilen. Das Heringshäckerle darauf anrichten.

4. Die übrige Butter in der Pfanne bei mittlerer Hitze schmelzen und bräunen, aber nicht verbrennen lassen. Das Heringshäckerle mit der warmen Nuss-Butter beträufeln und sofort servieren.

Aufstriche

Butter auf frischem Brot ist unübertrefflich! Das schmeckt allen – besonders, wenn die Butter selbst gemacht ist. Und auch Aufstriche auf der Basis von Hülsenfrüchten oder Käse machen eine schlichte Brotzeit zum Genuss.

SELBST GEMACHTE BUTTER

300 g

20 Min.

Pro Portion (à 30 g)
ca. 165 kcal

* 1 l frische Bio-Sahne
* 2 Handvoll Eiswürfel

1. Die Sahne in einen hohen Rührbecher gießen und mit den Rührbesen des Handrührgeräts so lange schlagen, bis sich eine cremige Masse bildet. Die Masse dann bei mittlerer Geschwindigkeit noch ca. 10 Min. weiterrühren, bis die Sahne ausflockt und die Buttermilch sich abtrennt.

2. Die Butterflocken abschöpfen und in einem Sieb abtropfen lassen. Die Buttermilch kühlen und anderweitig verwenden, z. B. für einen fruchtigen Drink.

3. Eiswürfel und 1 l kaltes Wasser in eine Schüssel geben. Die Butterflocken hineingeben und mit den Händen durchkneten, bis das Wasser klar wird. So werden die letzten Buttermilchrückstände entfernt. Die fertige Butter in ein Glas füllen und verschließen oder auf Backpapier zu kleinen Rollen formen. Im Kühlschrank gelagert ist die Butter ca. 2 Wochen haltbar.

Tipp

Die Butter können Sie nach Belieben verfeinern. Kneten Sie z. B. noch Salzflocken, einen bunten Blütenmix, Tomatenmark, Knoblauch oder frische Gartenkräuter unter die fertige Butter. Besonders köstlich schmeckte die Butter meiner Großmutter mit Schnittlauch oder Petersilie.

BOHNEN-KRÄUTER-CREME

4 Personen

10 Min. Pro Portion ca. 130 kcal

* 350 g weiße Bohnen (aus der Dose) * 2 Zweige Rosmarin * 2 Stängel glatte Petersilie * 1 Knoblauchzehe * 3 EL Olivenöl * Salz, Pfeffer * 2 EL Zitronensaft

1. Die Bohnen in ein Sieb abgießen, abspülen und abtropfen lassen. Rosmarin und Petersilie waschen und trocken schütteln. Nadeln und Blätter abzupfen und getrennt fein schneiden. Knoblauch schälen und fein würfeln.

2. In einer Pfanne 1 EL Olivenöl langsam erhitzen und den Rosmarin darin glasig andünsten. Die Bohnen zugeben, durchschwenken und mit 3 EL Wasser ablöschen. Mit Salz und Pfeffer kräftig würzen.

3. Die Bohnen-Rosmarin-Mischung in einen hohen Rührbecher füllen und mit einem Pürierstab cremig mixen. Restliches Öl (2 EL), Zitronensaft und Petersilie unterrühren. Den Aufstrich zu geröstetem Brot servieren.

KÄSE-BIRNEN-AUFSTRICH

4 Personen

10 Min. Pro Portion ca. 275 kcal

* 1 Frühlingszwiebel * 2 Halme Schnittlauch * 35 g Walnusskerne * 100 g reifer Camembert * 75 g Blauschimmelkäse * 50 g Doppelrahm-Frischkäse * 1 EL weiche Butter * 1 TL Meerrettich (aus dem Glas) * Salz, Pfeffer * ½ sehr reife Birne * 1 TL Honig * 1 EL Zitronensaft

1. Frühlingszwiebel putzen und waschen. Schnittlauch waschen und trocken schütteln. Beides in feine Röllchen schneiden. Walnüsse in einer Pfanne ohne Öl anrösten. Herausnehmen, abkühlen lassen und grob hacken.

2. Camembert und Blauschimmelkäse in grobe Stücke schneiden. Die Stücke mit Frischkäse, Butter und Meerrettich in einer Rührschüssel mit den Rührbesen des Handrührgeräts verrühren. Die Creme mit Salz und Pfeffer würzen.

3. Birne schälen, vierteln und entkernen. Die Viertel in feine Würfel schneiden. Birne und Walnüsse unter die Käsecreme rühren. Den Aufstrich mit Honig und Zitronensaft abschmecken. Zu geröstetem Brot servieren.

BÄRLAUCHSTAMPF MIT GEMÜSE UND KASSLER

Bärlauch, Spargel, Kohlrabi – diese köstliche Kombination gibt es nur im Frühling. Dazu ein Stück Kassler, mit karamellisierten Zwiebeln und Käse überbacken – schon ist das Lieblingsgericht meiner Feuerwehrwache fertig.

4 Personen

45 Min.

Pro Portion
ca. 795 kcal

* 500 g mehligkochende Kartoffeln
* Salz
* 100 ml warme Milch
* 150 g weiche Butter
* 4 Scheiben Kassler (à 130 g, aus dem Rücken)
* 1 große Gemüsezwiebel
* 1 Prise Zucker
* Pfeffer
* 150 g Brie (ersatzweise Camembert)
* 2 mittelgroße Kohlrabi
* 250 g grüner Spargel
* 100 ml Gemüsebrühe
* 150 g Crème fraîche
* 1 Bund Bärlauch
* 2 EL Olivenöl

1. Für den Stampf die Kartoffeln schälen, vierteln und in kochendem Salzwasser in 20–25 Min. weich garen. Abgießen und im Topf ausdampfen lassen. Warme Milch und 100 g Butter zu den Kartoffeln geben und diese im Topf mit einem Kartoffelstampfer zerdrücken. Den Stampf zugedeckt warm halten.

2. Für das Kassler den Backofen auf 180° vorheizen. 2 EL Butter in einer Pfanne erhitzen und das Kassler darin bei mittlerer Hitze von jeder Seite 2–3 Min. anbraten. Die Kasslerscheiben nebeneinander in eine Auflaufform legen.

3. Die Zwiebel schälen und in Streifen schneiden. Die Streifen in der Pfanne im Bratfett glasig anschwitzen. Mit Zucker, Salz und Pfeffer würzen und bei mittlerer Hitze unter Rühren karamellisieren lassen. Die karamellisierte Zwiebel auf dem Kassler verteilen. Den Brie in Scheiben schneiden und darauflegen. Das Kassler im Ofen (Mitte) ca. 15 Min garen, bis der Käse geschmolzen ist.

4. Inzwischen für das Gemüse den Kohlrabi schälen und in 1 cm große Würfel schneiden. Den Spargel waschen, das untere Drittel abschneiden und die Stangen in 3–4 cm lange Stücke schneiden.

5. Die übrige Butter in einer Pfanne erhitzen und das Gemüse darin bei mittlerer Hitze anschwitzen. Mit Salz und Pfeffer würzen, mit der Brühe ablöschen und 2–3 Min. einkochen lassen. Zuletzt die Crème fraîche unterrühren.

6. Den Bärlauch waschen und trocken tupfen. Dann mit dem Olivenöl in einem Standmixer pürieren. Das Bärlauchöl unter den warmen Kartoffelstampf rühren. Stampf, Kassler und Gemüse auf vier Tellern anrichten und servieren.

KRÄUTER-EIERKUCHEN MIT LEIPZIGER ALLERLEI

Wenn meine Frau in der Küche steht, macht sie häufig diese Eierkuchen – gefüllt mit Gemüse und viel Liebe. Und damit hat sie auch mich eingewickelt.

4 Personen

1 Std.

Pro Portion ca. 815 kcal

- ½ Bund gemischte Kräuter (z. B. Estragon, Kerbel, Petersilie)
- 4 Eier (M)
- 160 g Mehl
- 300 ml Milch
- Salz
- 10 g getrocknete Morcheln
- 400 g grüner Spargel
- 1 kleiner Kohlrabi
- 3 Möhren
- ½ Blumenkohl
- 40 g Butter
- 150 g TK-Erbsen
- 100 ml Gemüsebrühe
- 20 g Krebsbutter
- 100 g Crème fraîche
- 80 g Butterschmalz
- 100 g Parmesan am Stück
- 200 g Flusskrebsfleisch (aus dem Kühlregal)

1. Für die Eierkuchen die Kräuter waschen, trocken schütteln und fein hacken. Mit den Eiern in einen hohen Rührbecher geben und mit einem Pürierstab mixen. Die Eiermasse in eine Schüssel gießen und mit Mehl, Milch und 1 Prise Salz mit einem Schneebesen glatt verrühren. Den Teig ca. 20 Min. quellen lassen.

2. Inzwischen für das Allerlei die Morcheln in einer Schüssel mit kochendem Wasser übergießen und ca. 10 Min. quellen lassen. Spargel waschen und die Enden 3 cm breit abschneiden. Die Stangen dann schräg in kurze Stücke schneiden. Kohlrabi und Möhren schälen und in Stifte schneiden. Blumenkohl waschen, putzen und in kleine Röschen teilen.

3. Kohlrabi, Möhren und Blumenkohl in kochendem Salzwasser ca. 5 Min. blanchieren. Abgießen, kalt abschrecken und abtropfen lassen. 30 g Butter in einer großen Pfanne erhitzen. Spargel und Erbsen darin in ca. 4 Min. hell anbraten. Mit Brühe ablöschen und salzen. Kohlrabi, Möhren, Blumenkohl und Krebsbutter zugeben und zugedeckt 4–5 Min. dünsten.

4. Die Morcheln aus dem Wasser nehmen, grob schneiden und zum Gemüse geben. Das Gemüse mit Salz und Pfeffer abschmecken und die Crème fraîche unterrühren.

5. In einer Pfanne 1 EL Butterschmalz erhitzen. 1 Kelle Teig hineingießen und von beiden Seiten 2–3 Min. backen. Den fertigen Eierkuchen aus der Pfanne nehmen und auf Küchenpapier entfetten. So fortfahren und insgesamt 8 Eierkuchen backen.

6. Den Backofen auf 140° vorheizen, ein Backblech mit Backpapier belegen. Die Eierkuchen nebeneinander auf das Blech legen und das Gemüse jeweils auf einer Hälfte verteilen. Die Eierkuchen zusammenklappen, den Parmesan darüberhobeln und im Ofen (Mitte) ca. 10 Min. überbacken.

7. Die übrige Butter (10 g) in einer Pfanne erhitzen und das Krebsfleisch darin anschwitzen, salzen. Die Eierkuchen auf vier Tellern anrichten, die Flusskrebse darauf verteilen und servieren.

KÖNIGSBERGER KLOPSE MIT BANDNUDELN

4 Personen

1 Std.

Pro Portion
ca. 1060 kcal

- 100 ml Milch
- 1 Brötchen vom Vortag
- ½ Bund glatte Petersilie
- 1 mittelgroße Zwiebel
- 4 EL Butter
- 500 g gemischtes Hackfleisch
- 2 Eier (L)
- Salz, Pfeffer
- 700 ml Gemüsebrühe
- 3 EL Mehl
- 200 ml weißer Traubensaft
- 100 g Sahne
- 2 EL Senf
- 4 EL Zitronensaft
- 2 EL Kapern (aus dem Glas)
- 200 g TK-Erbsen
- 400 g Bandnudeln (nach Belieben in verschiedenen Farben)

1. Für die Klopse die Milch erhitzen. Das Brötchen würfeln, in einer Schüssel mit der heißen Milch übergießen und quellen lassen. Petersilie waschen, trocken schütteln und die Blätter fein hacken. Zwiebel schälen und in kleine Würfel schneiden. In einer Pfanne 1 EL Butter erhitzen und die Zwiebel darin glasig anschwitzen.

2. Das Hackfleisch in eine große Schüssel geben. Eingeweichtes Brötchen, Hälfte der Petersilie, Zwiebel und Eier zugeben. Kräftig mit Salz und Pfeffer würzen und verkneten. Aus der Masse kleine Klößchen (à 20 g) formen. Die Brühe in einem großen Topf aufkochen und die Klopse in der siedenden Brühe ca. 15 Min. garen, bis sie an die Oberfläche steigen. Die Klopse herausnehmen, den Kochsud beiseitestellen.

3. Für die Sauce die übrige Butter (3 EL) in einem Topf erhitzen. Das Mehl mit einem Schneebesen einrühren und unter Rühren hell anschwitzen. Traubensaft, 600 ml Kochsud und Sahne zugießen und glatt rühren. Die Sauce bei mittlerer Hitze unter Rühren aufkochen. Senf und Zitronensaft einrühren und mit Salz und Pfeffer würzen. Die Kapern hacken. Dann mit Erbsen und übriger Petersilie in die Sauce rühren. Die Klopse in die Sauce legen und ca. 10 Min. darin ziehen lassen.

4. Inzwischen die Bandnudeln nach Packungsanweisung in kochendem Salzwasser in 8–11 Min. bissfest garen. In ein Sieb abgießen, abtropfen lassen und in der Kapernsauce schwenken. Nudeln und Klopse auf vier Tellern anrichten und servieren.

Tipp

BANDNUDELN SELBST MACHEN

Dafür je 200 g Hartweizengrieß und Mehl in einer Schüssel mischen. 4 Eier (M) und 1 Prise Salz zugeben und alles zu einem glatten Teig verkneten. Für rote Pasta 50 ml Rote-Bete-Saft, für gelbe Pasta 1 TL Safranpulver und für grüne Pasta 200 g blanchierten, pürierten Spinat unterkneten. Den Teig auf der bemehlten Arbeitsfläche dünn ausrollen und in Streifen schneiden. Die Bandnudeln auf mit Grieß bestreutem Backpapier 10–15 Min. trocknen lassen. In kochendem Salzwasser 3–4 Min. garen.

ERBSENAUFLAUF MIT APFEL-RUCOLA-DIP

Kartoffelpüree wird überbacken in vielen Varianten serviert. Unter der köstlichen Haube stecken Hackfleisch, Schinken oder Gemüse. Mich erinnert das Gericht immer an die Tage bei meinen Großeltern.

4 Personen

1 Std. 15 Min.

Pro Portion
ca. 900 kcal

* 400 g TK-Zuckerschoten
* 300 g TK-Erbsen
* 800 g mehligkochende Kartoffeln
* Salz
* 100 g Bergkäse am Stück
* 150 ml warme Milch
* 4 EL Butter
* ½ TL frisch geriebene Muskatnuss
* 2 Zwiebeln
* 1 TL Zucker
* 250 ml Gemüsebrühe
* Pfeffer
* 30 g Mandelblättchen
* 50 g Parmesan am Stück
* 1 kleines Bund Rucola
* 1 säuerlicher Apfel
* 140 ml Traubenkernöl (ersatzweise Olivenöl)
* 2 EL Zitronensaft

AUSSERDEM

* Auflaufform (40 × 30 cm)
* Butter für die Form

1. Für den Auflauf Zuckerschoten und Erbsen getrennt auftauen lassen. Inzwischen die Kartoffeln schälen, halbieren und in kochendem Salzwasser in 20–25 Min. weich garen. Abgießen und ausdampfen lassen. Den Käse reiben. Die Kartoffeln mit einem Kartoffelstampfer zerdrücken. Warme Milch, 2 EL Butter und Käse einrühren und das Püree mit Salz und Muskatnuss würzen.

2. Die Zuckerschoten längs in grobe Streifen schneiden. Zwiebeln schälen und in Würfel schneiden. Übrige Butter (2 EL) in einer Pfanne erhitzen und die Zwiebeln darin glasig anschwitzen. Mit Zucker bestreuen und leicht karamellisieren lassen. Zuckerschoten und Erbsen einrühren, die Brühe zugießen und das Gemüse 5–6 Min. köcheln lassen. Mit Salz und Pfeffer würzen.

3. Den Backofen auf 220° vorheizen, die Form mit Butter einfetten. Das Gemüse hineingeben und das Kartoffelpüree daraufstreichen. Den Auflauf im Ofen (Mitte) 25–30 Min. backen.

4. Inzwischen für den Dip die Mandeln in einer Pfanne ohne Öl bei mittlerer Hitze goldbraun rösten. Parmesan reiben. Rucola putzen, waschen und trocken schleudern. Apfel waschen, vierteln, entkernen und in grobe Stücke schneiden.

5. Mandeln, Rucola, Apfel, Traubenkernöl und Zitronensaft in einem hohen Rührbecher mit einem Pürierstab fein mixen. Den Parmesan unterrühren und den Dip mit Salz und Pfeffer würzen. Den Auflauf aus dem Ofen nehmen und mit dem Dip servieren.

Tipp

Der Auflauf lässt sich beliebig variieren und eignet sich deshalb prima für die Resteküche. Sie können dafür alles verwenden, was im Kühlschrank verbraucht werden muss. Überbacken mit köstlichem Kartoffelpüree verwandeln sich die Reste so in ein neues Gericht.

SPARGEL MIT ZITRONEN-KRÄUTER-KRUSTE

Spargel, der König der Gemüse, verwöhnt unseren Gaumen mit seinem süßlichen bis zart-bitteren Geschmack. Er muss im Frühjahr einfach auf unseren Teller.

4 Personen

40 Min.

Pro Portion ca. 365 kcal

* 1,5 kg weißer Spargel
* 6 EL Olivenöl
* Salz, Pfeffer
* 150 ml Spargelfond (s. Tipp)
* 100 ml Weißwein (ersatzweise weißer Traubensaft)
* 2 Zweige Rosmarin
* ½ Bund glatte Petersilie
* 60 g Weißbrotwürfel (ersatzweise Semmelbrösel)
* abgeriebene Schale von ½ Bio-Orange
* abgeriebene Schale von ½ Bio-Zitrone

1. Den Backofen auf 200° vorheizen. Den Spargel schälen und die Enden ca. 2 cm breit abschneiden (Schalen und Abschnitte für den Fond verwenden). Auf einem Backblech 4 EL Olivenöl verteilen. Die Spargelstangen darauflegen, mit Salz und Pfeffer würzen und mit Spargelfond und Weißwein übergießen. Den Spargel im Ofen (Mitte) ca. 15 Min. garen.

2. Inzwischen Rosmarin und Petersilie waschen und trocken schütteln. Nadeln und Blätter abzupfen. Kräuter, Weißbrotwürfel, übriges Öl (2 EL), Zitronen- und Orangenschale in einen hohen Rührbecher geben und mit einem Pürierstab fein zerkleinern.

3. Den Backofen auf Oberhitze (oder Grillfunktion) umschalten. Das Backblech aus dem Ofen nehmen und die Brösel auf dem Spargel verteilen. Den Spargel zurück in den Ofen (oben) schieben und noch ca. 5 Min. überbacken.

4. Den Spargel aus dem Ofen nehmen und sofort servieren. Dazu passen Salzkartoffeln oder Baguette.

Tipp

SCHNELLER SPARGELFOND

Dafür die Schalen und Abschnitte von 1 kg Spargel mit 1 EL Zucker und 1 TL Salz in einen Topf geben. Jeweils ½ Bio-Orange und -Zitrone in Scheiben und 1 EL Butter zufügen und mit 1 l kochendem Wasser übergießen. Alles kurz aufkochen, dann zugedeckt ca. 15 Min. ziehen lassen. Den Fond durch ein Sieb abgießen und je nach Rezept verwenden.

GRÜNER HERING MIT KARTOFFEL-GURKEN-STAMPF

Frisch, jung und unreif – eben »grün« – nennt man Hering, wenn er nicht eingelegt, geräuchert, gesalzen oder mariniert ist. Gebraten und mit einer Radieschen-Vinaigrette serviert, ist er ein echter Genuss.

4 Personen

45 Min.

Pro Portion
ca. 975 kcal

* 800 g mehligkochende Kartoffeln
* Salz
* 1 Bund Radieschen
* 1 Apfel
* 4 EL Apfelessig (ersatzweise Obstessig)
* 2 EL Apfelsaft
* 1 TL Honig
* 6 EL Olivenöl
* Pfeffer
* 1 Salatgurke
* 1 Zwiebel
* 1 Knoblauchzehe
* 80 g Butter
* ½ Bund Dill
* 100 ml Milch
* 8 Heringsfilets (à 100 g)
* 3 EL Mehl
* 3 EL Rapsöl

Tipp

Wer Hering nicht mag, brät stattdesssen Filets von Zander, Forelle oder Saibling.

1. Die Kartoffeln schälen, halbieren und in kochendem Salzwasser in 20–25 Min. weich garen. Abgießen und ausdampfen lassen.

2. Inzwischen die Radieschen putzen, waschen und in kleine Würfel schneiden. Apfel schälen, vierteln und entkernen. Die Viertel ebenfalls klein würfeln. Essig, Apfelsaft, Honig und Olivenöl in einer Schale verrühren. Mit Salz und Pfeffer würzen, Radieschen und Apfel in die Vinaigrette rühren und diese kühl stellen.

3. Die Gurke waschen, längs halbieren und die Kerne mit einem Teelöffel herausschaben. Die Hälften in kleine Würfel schneiden. Zwiebel und Knoblauch schälen und in feine Würfel schneiden. In einer Pfanne 1 EL Butter erhitzen, Zwiebel und Knoblauch darin glasig andünsten. Die Gurke ca. 3 Min. mitdünsten. Dill waschen, trocken schütteln und die Spitzen fein schneiden.

4. Die Milch erhitzen und dabei 50 g Butter darin schmelzen lassen. Die Kartoffeln mit der heißen Milch übergießen und mit einem Kartoffelstampfer zerdrücken. Die Gurkenmischung unterrühren und den Stampf mit Salz und Pfeffer abschmecken. Den Dill unterheben und den Stampf zugedeckt warm halten.

5. Die Heringsfilets salzen, pfeffern und im Mehl wenden. Rapsöl und übrige Butter (1 EL) in einer Pfanne erhitzen und die Filets darin auf der Hautseite in 3–4 Min. knusprig braten. Dann wenden und bei kleiner Hitze gar ziehen lassen.

6. Den Stampf mit den Heringsfilets auf vier Tellern anrichten. Die gekühlte Vinaigrette über die Filets träufeln und servieren.

RHABARBERAUFLAUF

Botanisch gesehen ist Rhabarber gar kein Obst, aber so ziemlich das Erste was man im Frühjahr im Garten ernten kann. Die Stangen lassen sich zu köstlichen Gerichten verarbeiten, zum Beispiel zu diesem »Armen Ritter« mit Croissants.

4 Personen

15 Min. + 35 Min. Backen

Pro Portion
ca. 580 kcal

- 400 g Rhabarber
- 1 Vanilleschote
- 3 Eigelb (L)
- 60 g Zucker
- 400 g Sahne
- 50 ml Rhabarbernektar
- 4 Croissants vom Vortag
- 40 g Mandelblättchen
- 1 EL Puderzucker

1. Den Rhabarber putzen, waschen und hartfaserige Fäden mit einem kleinen Messer abziehen. Die Stangen dann schräg in 2 cm breite Stücke schneiden. Die Vanilleschote längs halbieren und das Mark herausschaben.

2. Den Backofen auf 180° vorheizen. Eigelbe, Zucker, 300 g Sahne und Rhabarbernektar in einer Schüssel verquirlen. Zuletzt das Vanillemark unterrühren.

3. Die Croissants in Scheiben schneiden und abwechselnd mit den Rhabarberstücken in eine Auflaufform schichten. Mit der Eigelb-Sahne-Mischung übergießen und mit Mandelblättchen bestreuen. Den Auflauf im Ofen (Mitte) ca. 35 Min. backen.

4. Übrige Sahne (100 g) und Puderzucker halbsteif aufschlagen. Den Rhabarberauflauf aus dem Ofen nehmen, die Schlagsahne in Flöckchen daraufsetzen und in der Form servieren.

Tipp

Dieser Auflauf lässt sich je nach Jahreszeit wunderbar variieren. Er schmeckt mit Aprikosen, Pflaumen oder auch mal mit Erdbeeren. Dabei einen zum jeweilen Obst passenden Nektar in die Eigelbmischung rühren.

WAFFELN MIT BLITZ-ERDBEERSORBET

8 Stück

40 Min.

Pro Stück
ca. 665 kcal

* 250 g weiche Butter
* 1 Vanilleschote
* 3 Eier (L)
* 150 g Zucker
* 2 EL Ahornsirup
* Salz
* 300 g Mehl
* 1 TL Backpulver
* 150 ml Milch (3,8 % Fett)
* 150 g Sahne
* 300 g TK-Erdbeeren
* 4 EL Zitronensaft
* 2 Stängel Minze
* 100 g Zartbitter-Schokolade
* 80 g gezuckerte Kondensmilch (aus der Tube, z. B. Milchmädchen)

AUSSERDEM

* Waffeleisen
* Öl für das Waffeleisen

1. Für die Waffeln 200 g Butter klein würfeln und in eine Rührschüssel geben. Vanilleschote längs halbieren und das Mark herausschaben. Vanillemark, Eier, 80 g Zucker, Ahornsirup und 1 Prise Salz zur Butter geben und alles mit den Rührbesen des Handrührgeräts cremig rühren. Mehl und Backpulver langsam einrühren, danach Milch und Sahne zugießen und alles zu einem glatten Teig verrühren. Den Teig ca. 5 Min. quellen lassen.

2. Inzwischen für das Sorbet TK-Erdbeeren, übrigen Zucker (70 g) und Zitronensaft in einen hohen Rührbecher geben. Alles mit einem Pürierstab auf höchster Stufe cremig mixen. Das Sorbet bis zum Servieren tiefkühlen.

3. Das Waffeleisen vorheizen. Die Backflächen dünn mit Öl einfetten, dann 1 Kelle Teig auf die untere Backfläche geben. Das Waffeleisen schließen und die Waffel in ca. 2 Min. goldbraun braten. Herausnehmen und warm stellen. Mit dem restlichen Teig wiederholen und insgesamt 8 Waffeln backen.

4. Die Minze waschen, trocken schütteln und grob zerpflücken. Die Schokolade mit einem Sparschäler in Späne hobeln.

5. Die Waffeln auf vier Tellern anrichten. Vom Sorbet mit einem Eisportionierer oder Löffel Kugeln abstechen und daraufsetzen. Die Waffeln mit Schokolade bestreuen und mit Kondensmilch beträufeln. Mit der Minze garnieren und servieren.

Sommer

Laue Nächte, das Leben ist unbeschwert und spielt sich fast nur draußen ab. Jetzt kann man den Traum von einer Außenküche ausleben. Und was sich nicht alles an der frischen Luft zubereiten lässt!

KALTE GRÜNE SUPPE

Um die »Grüne Sauce« ranken sind viele Geschichten. Fest stehen die Kräuter, die hineinkommen: Es müssen genau sieben sein. Bei mir kommt der Frankfurter Klassiker als sommerliche Suppe auf den Tisch.

4 Personen

25 Min. + 45 Min. Tiefkühlen

Pro Portion ca. 450 kcal

- 250 g mehligkochende Kartoffeln
- 1 mittelgroße weiße Zwiebel
- 1 EL Olivenöl
- 600 ml Gemüsebrühe
- 2 EL Obstessig
- 2 EL Zitronensaft
- Salz, Pfeffer
- 200 g gemischte Kräuter (z. B. Dill, Estragon, Kerbel, Liebstöckel, Kresse, glatte Petersilie, Schnittlauch)
- 300 g Joghurt
- 100 g Sahne
- 4 Eier (M)
- 1 Gewürzgurke (aus dem Glas)
- 4 Halme Schnittlauch
- 300 g kleine festkochende Kartoffeln (z. B. Bamberger Hörnchen)
- 2 EL Butter
- 1 TL Ras el Hanout

1. Die Kartoffeln schälen und klein schneiden. Zwiebel schälen und klein würfeln. Das Öl in einem Topf erhitzen und beides darin andünsten. Die Brühe zugießen und ca. 20 Min. köcheln lassen, bis die Kartoffeln weich sind. Die Suppe dann mit einem Pürierstab fein mixen und mit Essig, Zitronensaft, Salz und Pfeffer würzen. In eine größere Schüssel umfüllen, etwas abkühlen lassen und ca. 45 Min. ins Tiefkühlfach stellen.

2. Die Kräuter waschen, trocken schleudern und grob zerpflücken. Einige Blätter zum Garnieren beiseitelegen. Die übrigen Kräuter mit Joghurt und Sahne fein pürieren. Mit Salz und Pfeffer würzen.

3. Die Eier in ca. 8 Min. hart kochen. Kalt abschrecken, pellen und grob hacken. Die Gewürzgurke fein würfeln. Schnittlauch waschen, trocken schütteln und in feine Röllchen schneiden. Eier, Gurke und Schnittlauch vermischen, mit Salz und Pfeffer würzen.

4. Die kleinen Kartoffeln waschen und in Salzwasser ca. 10 Min. garen. Abgießen, ausdampfen lassen und längs halbieren. Die Butter mit Ras el Hanout, Salz und Pfeffer in einer Pfanne aufschäumen lassen. Die Kartoffeln darin ca. 4 Min. bräunen.

5. Die Kräutersahne zur gekühlten Suppe geben und alles mit dem Pürierstab schaumig aufmixen. Die Suppe in vier Schalen anrichten, gebratene Kartoffeln und Eiermischung daraufgeben. Mit den übrigen Kräutern bestreuen und servieren.

Tipp

Sie können die Suppe auch heiß servieren, dann sparen Sie sich die Tiefkühlzeit. Die Mischung aus Eiern, Gewürzgurken und Schnittlauch heißt im Kochjargon übrigens »Sauce Gribiche«.

ACKERBOHNEN-KARTOFFEL-SALAT

Puffbohne, Feldbohne, Saubohne, Pferdebohne, Favabohne, Dicke Bohne – die Ackerbohne trägt unzählige Namen. Sie besitzt viel Eiweiß, aber wenig Fett, und gilt als ökologische Alternative zu importiertem Soja.

4 Personen

35 Min.

Pro Portion
ca. 370 kcal

* 700 g kleine festkochende Kartoffeln (z. B. Bamberger Hörnchen)
* Salz
* 2 kg Dicke Bohnen (500 g gepalt, ersatzweise 500 g TK-Bohnenkerne)
* 100 g Kaiserschoten
* 10 Radieschen
* 1 Bund Schnittlauch
* 1 Frühlingszwiebel
* 60 g Butter
* 3 EL Apfelessig
* 100 ml Gemüsebrühe
* 1 EL Olivenöl
* Pfeffer

1. Die Kartoffeln waschen und in kochendem Salzwasser in 10–15 Min. bissfest garen. Danach abgießen und abkühlen lassen.

2. Inzwischen die Bohnen aus den Hülsen lösen. Die Kaiserschoten putzen, waschen und schräg in lange Streifen schneiden. Bohnen und Kaiserschoten in kochendem Salzwasser 3–4 Min. blanchieren. Abgießen, kalt abschrecken und abkühlen lassen. Radieschen putzen, waschen und in Scheiben schneiden. Schnittlauch waschen, trocken schütteln und in Röllchen schneiden.

3. Die Kartoffeln samt Schale halbieren. Mit Bohnen, Kaiserschoten, Radieschen und Schnittlauch in eine Schüssel geben.

4. Die Frühlingszwiebel putzen, waschen und fein schneiden. Die Butter schmelzen. Frühlingszwiebel, Essig, Brühe und Öl unterrühren und kräftig mit Salz und Pfeffer würzen. Die warme Butter-Vinaigrette über den Salat träufeln, unterheben und servieren.

Tipp

Ein perfekter Salat für Grillparty oder Sommerfest. Dazu passen gegrillte Hähnchenspieße oder auch gebratener Fisch.

TOMATEN AUS DEM OFEN MIT GEWÜRZSAIBLING

Bei diesem schnellen und einfachen Rezept treffen Rosmarin und Wacholder auf fruchtige Tomaten und frischen Fisch. So gelingt ein herrliches Sommergericht.

4 Personen

30 Min.

Pro Portion
ca. 615 kcal

- 6 Stängel glatte Petersilie
- 6 Stängel Dill
- 6 Wacholderbeeren
- 6 Pfefferkörner
- 2 EL Kapern (aus dem Glas)
- Salz
- 80 g weiche Butter
- 100 g Semmelbrösel
- 700 g Kirschtomaten
- 5 Knoblauchzehen
- 6 EL Olivenöl
- 2 EL Obstessig
- 1 EL Honig
- Pfeffer
- 3 Zweige Rosmarin
- 3 Zweige Zitronenthymian
- 4 Saiblingfilets (à 170 g)

Tipp

Wenn Sie keinen Saibling bekommen, verwenden Sie stattdessen Hecht-, Lachsforellen- oder Zanderfilets.

1. Für den Saibling Petersilie und Dill waschen und trocken schütteln. Blätter und Spitzen abzupfen und in einen hohen Rührbecher geben. Wacholder und Pfeffer zufügen und alles mit einem Pürierstab fein zerkleinern. Kapern und 1 Prise Salz unterrühren. Butter und Semmelbrösel mit den Händen unterkneten, bis eine Paste entsteht. Diese bis zur Verwendung kühlen.

2. Für die Tomaten den Backofen auf 200° vorheizen. Die Tomaten waschen und trocken tupfen. Knoblauchzehen schälen und halbieren. Tomaten und Knoblauch in eine Auflaufform geben. Öl, Essig, Honig, Salz und Pfeffer untermischen. Rosmarin und Thymian waschen, trocken schütteln und dazwischenlegen. Die Tomaten im Ofen (Mitte) 10–12 Min. garen.

3. Inzwischen den Saibling kalt abbrausen und trocken tupfen. Die Filets salzen und mit der Hautseite nach unten auf einen Teller legen. Die Kräuterpaste darauf verteilen und leicht andrücken.

4. Die Tomaten aus dem Ofen nehmen und mit einer Gabel leicht zerdrücken. Die Saiblingsfilets mit der Kräuterpaste nach oben darauflegen. Die Ofentemperatur auf 230° erhöhen und Tomaten und Fisch im Ofen (Mitte) in 8–10 Min. fertig garen.

5. Saibling und Tomaten aus dem Ofen nehmen und in der Form servieren. Dazu passt knuspriges Baguette.

BROTSALAT MIT ARTISCHOCKEN

»Das alte Brot mit rein«, sagte Giovanni immer. Meine Lehrjahre führten mich auch in die Toskana ins Sternerestaurant »Arnolfo«. Für das tägliche Personalessen wanderte oft das Brot vom Vortag in diese köstliche »Panzanella«.

4 Personen

40 Min.

Pro Portion
ca. 550 kcal

- 300 g Brot vom Vortag (Graubrot, Ciabatta, Weißbrot)
- 1 Knoblauchzehe
- 130 ml Olivenöl
- 10 kleine Artischocken
- 8 EL Zitronensaft
- 2 kleine Zwiebeln
- 1 Bund Zitronenthymian
- Salz, Pfeffer
- 1 EL Honig
- 3 EL Rotweinessig
- 1 EL Kapern (aus dem Glas)
- 250 g Kirschtomaten
- ½ Bund glatte Petersilie
- ½ Bund Basilikum

1. Den Backofen auf 180° vorheizen, ein Backblech mit Backpapier belegen. Das Brot in Würfel schneiden. Knoblauch schälen und fein hacken. Beides auf das Blech geben, mit 4 EL Olivenöl beträufeln und leicht salzen. Das Brot im Ofen (Mitte) ca. 15 Min. rösten. Herausnehmen und etwas abkühlen lassen.

2. Inzwischen die Artischocken putzen und die äußeren Blätter entfernen. Die obere Hälfte mit einem scharfen Messer abschneiden. Die Artischocken vierteln und das Heu mit einem Teelöffel herausschaben. Zitronensaft und 2 l Wasser in einer Schüssel mischen und die Artischocken sofort hineinlegen.

3. Zwiebeln schälen und grob würfeln. Thymian waschen, trocken schütteln und die Blätter abzupfen. 3 EL Olivenöl in einer Pfanne erhitzen. Zwiebeln, Artischocken und Thymian darin anbraten, dann zugedeckt bei mittlerer Hitze garen. Dabei gelegentlich schwenken. Die Artischocken mit Salz und Pfeffer würzen, vom Herd nehmen und abkühlen lassen.

4. Honig, Essig, Salz und Pfeffer in einer Schale mit einem Schneebesen verrühren. Kapern und restliches Olivenöl (60 ml) zufügen und alles zu einer Vinaigrette verrühren.

5. Tomaten waschen und halbieren. Petersilie und Basilikum waschen und trocken schütteln. Die Blätter abzupfen und klein schneiden. Tomaten, Kräuter, geröstete Brotwürfel und Artischocken in eine Salatschüssel geben. Die Vinaigrette darüberträufeln, unterheben und den Salat servieren.

Tipp

Diesen Salat können Sie vielfältig variieren. Er schmeckt mit gekochten Eiern, mit Spargel, Radieschen oder Gurken, und auch »Reste« lassen sich darin unterbringen.

GEMÜSE-TOFU-SCHASCHLIK MIT PFIRSICH-SALSA

Schaschlik kennen wir als deftigen Fleischspieß aus alten Kochbüchern. Wie dieses Rezept zeigt, können die Spieße aber auch vegetarisch und mit Pepp sein.

4 Personen

40 Min.

Pro Portion ca. 335 kcal

---

* 4 lange Rosmarinzweige
* 2 mittelgroße Zucchini
* 1 rote Paprika
* 1 gelbe Paprika
* 12 kleine Champignons
* 2 rote Zwiebeln
* 200 g Räuchertofu
* 6 EL Olivenöl
* 2 EL Zitronensaft
* 1 TL Currypulver
* Salz, Pfeffer
* 1 reifer Pfirsich
* 200 g bunte Kirschtomaten
* ½ Zwiebel
* 4 Stängel Basilikum
* 1 TL Zucker
* 1 EL Butter

1. Für die Schaschliks den Rosmarin waschen und trocken schütteln. Die Nadeln von jedem Zweig zu zwei Dritteln abzupfen, die Spitzen belassen. Die Nadeln fein hacken, die Zweige beiseitelegen. Zucchini waschen, putzen und längs halbieren. Die Hälften in fingerdicke Scheiben schneiden. Paprika waschen, halbieren, weiße Trennwände und Kerne entfernen. Die Hälften ebenso groß schneiden wie die Zucchini. Champignons putzen und bei Bedarf mit einem Tuch abreiben. Zwiebeln schälen und längs achteln. Räuchertofu in 2 cm große Würfel schneiden.

2. Gehackten Rosmarin, 3 EL Olivenöl, 1 EL Zitronensaft, Curry, Salz und Pfeffer zu einer Marinade verrühren. Zucchini, Paprika, Pilze, Zwiebeln und Tofu untermischen. Mariniertes Gemüse und Tofu dann abwechselnd auf die Rosmarinzweige stecken.

3. Für die Salsa den Pfirsich waschen, halbieren, entsteinen und klein würfeln. Tomaten waschen und in kleine Würfel schneiden. Zwiebel schälen und fein würfeln. Basilikum waschen, trocken schütteln und die Blätter klein schneiden.

4. Übrigen Zitronensaft (1 EL) und Zucker in einer Schüssel verrühren. 2 EL Olivenl, Salz und Pfeffer unterrühren. Pfirsich, Tomaten, Zwiebel und Basilikum untermischen.

5. Butter und übriges Öl (1 EL) in einer großen Pfanne erhitzen und die Spieße darin rundum knusprig braten. Mit Salz und Pfeffer würzen. Die Schaschliks aus der Pfanne nehmen und auf einer Platte anrichten. Mit der Salsa servieren.

Tipp

Stecken Sie zur Abwechslung mal anderes Gemüse auf die Spieße. Wie wäre es mit Fenchel, Austernpilzen, Kohlrabi oder Sellerie? Wenn Sie keine Rosmarinzweige haben, verwenden Sie einfach Holz-Schaschlikspieße.

GRÜNE SPARGEL-PIZZA MIT EI

Ist Pizza Hausmannskost? In Italien auf jeden Fall und bei uns eigentlich auch. Ob jung oder alt, alle mögen Pizza. Beim Belag sind der Kreativität keine Grenzen gesetzt. Wer Zeit sparen möchte, verwendet Hefeteig aus dem Kühlregal.

4 Personen

30 Min. + 1 Std. Ruhen + 25 Min. Backen

Pro Portion ca. 770 kcal

* ½ Würfel frische Hefe (21 g)
* 1 TL Zucker
* 6 EL Olivenöl
* Salz
* 400 g Mehl
* 150 g TK-Erbsen
* 200 g Emmentaler Käse am Stück
* 250 g grüner Spargel
* 4 Frühlingszwiebeln
* 1 EL Aceto balsamico bianco
* 100 g Spinatblätter (ersatzweise Rucola)
* 1 Zwiebel
* 1 EL Butter
* Pfeffer
* 1 Ei (M)

AUSSERDEM

* Olivenöl für das Blech
* Mehl zum Arbeiten

1. Für den Teig die Hefe in eine große Schüssel bröseln. 210 ml lauwarmes Wasser, Zucker, 3 EL Olivenöl und 1 Prise Salz zufügen und glatt rühren. Das Mehl zugeben und alles zu einem geschmeidigen Teig verkneten. Den Teig zugedeckt an einem warmen Ort ca. 1 Std. gehen lassen.

2. Für den Belag die Erbsen in ca. 20 Min. auftauen lassen. Emmentaler grob reiben. Spargel waschen, die Enden 2–3 cm breit abschneiden und die Stangen schräg in dünne Scheiben schneiden. Frühlingszwiebeln putzen, waschen und in Ringe schneiden. Spargel, Frühlingszwiebeln, 2 EL Öl und Essig mischen.

3. Spinat waschen und trocken schleudern. Zwiebel schälen, halbieren und in dünne Streifen schneiden. Die Butter in einem Topf erhitzen und die Zwiebel darin in 2–3 Min. glasig andünsten. Den Spinat zugeben, mit Salz und Pfeffer würzen und zusammenfallen lassen. Den Spinat in ein Sieb abgießen und ausdrücken.

4. Den Backofen auf 200° vorheizen, ein Backblech mit Öl einfetten. Den Teig auf der bemehlten Arbeitsfläche rund oder eckig ausrollen und auf das Blech legen. Mit dem übrigen Öl (1 EL) bestreichen, mit Käse und Erbsen bestreuen. Spargel-Frühlingszwiebel-Mischung und Spinat gleichmäßig darauf verteilen.

5. Die Pizza nochmals kräftig mit Salz und Pfeffer würzen und im Ofen (Mitte) ca. 15 Min. backen. Danach das Ei mittig auf die Pizza schlagen und diese in ca. 10 Min. fertig backen. Aus dem Ofen nehmen, in Stücke schneiden und servieren.

ZUCCHINI MIT MANDELN UND HONIG-SCHAFSKÄSE

4 Personen

30 Min.

Pro Portion
ca. 385 kcal

---

* 100 g Mandelblättchen
* 4 Zucchini
* grobes Meersalz
* 4 Zweige Thymian
* 4 Zweige Rosmarin
* 2 EL Olivenöl
* Pfeffer
* 150 g Frischkäse
* 100 g Schafskäse (Feta)
* 1 EL Honig
* ½ Bund gemischte Gartenkräuter (z. B. Basilikum, Estragon, Petersilie, Schnittlauch)
* 2 EL Zitronensaft

1. Die Mandelblättchen in einer Pfanne ohne Öl goldbraun rösten. Zucchini waschen, putzen und schräg in 1 cm dicke Scheiben schneiden. Die Zucchinischeiben leicht salzen.

2. Den Grill oder eine Grillpfanne anheizen. Thymian und Rosmarin waschen und trocken schütteln. Blätter und Nadeln abzupfen, klein hacken und mit dem Olivenöl verrühren.

3. Von den Zucchini das entstandene Wasser abtupfen und die Scheiben mit dem Kräuteröl bestreichen. Die Zucchini auf dem Grill oder in der Grillpfanne ca. 2 Min. grillen. Dann auf derselben Seite drehen und kurz weitergrillen, sodass ein Rautenmuster entsteht. Erst danach wenden und von der zweiten Seite grillen.

4. Frischkäse, Schafskäse und Honig in einer Schüssel verrühren. Die Gartenkräuter waschen und trocken schütteln. Die Blätter fein schneiden und unter die Käsecreme rühren.

5. Die Zucchini auf einer großen Platte anrichten. Mit Zitronensaft beträufeln und mit den Mandelblättchen bestreuen. Mit Salz und Pfeffer würzen und mit der Käsecreme servieren.

Tipp

Auch Auberginen, Pilze oder Paprika lassen sich so mariniert wunderbar grillen. Zusammen auf einer Platte angerichtet, ergibt das eine köstliche Vorspeisen-Platte. In Kombination mit Baguette und einem kühlen Weißwein ist sie auch ideal für ein Picknick.

MANGOLDKÜCHLEIN MIT TOMATENSALAT

Die herzhaften, warmen Mangoldküchlein mit Schafskäse serviere ich im Sommer gerne mit einem fruchtig-süßlichen, gekühlten Tomatensalat. Eine sehr köstliche Kombination für heiße Tage.

4 Personen

1 Std.

Pro Portion
ca. 405 kcal

- 400 g weißer Mangold (ersatzweise bunter Mangold)
- 2 EL Butter
- 1 Prise Zucker
- Salz
- 4 EL Aceto balsamico
- 600 g Tomaten
- 1 Bund Basilikum
- 1 EL Honig
- Pfeffer
- 6 EL Olivenöl
- ½ Bund glatte Petersilie
- ½ Bund Koriandergrün
- ½ Bund Dill
- 2 Knoblauchzehen
- 2 Eier (M)
- 3 EL Mehl
- 1 Msp. frisch geriebene Muskatnuss
- 80 g Schafskäse (Feta)

1. Den Mangold waschen und abtropfen lassen. Die Blattrippen keilförmig herausschneiden und zuerst in Streifen, dann in kleine Würfel schneiden. Die Blätter beiseitelegen. Die Butter in einer Pfanne erhitzen und die Mangoldwürfel darin 2–3 Min. braten. Mit Zucker und 1 Prise Salz würzen und mit 2 EL Essig ablöschen. Vom Herd nehmen und abkühlen lassen.

2. Die Tomaten waschen, halbieren und den Stielansatz herausschneiden. Die Hälften klein würfeln. Basilikum waschen, trocken schütteln und in Streifen schneiden. Übrigen Essig (2 EL), Honig, 1 Prise Salz, Pfeffer und 4 EL Olivenöl in einer Schale zu einem Dressing verrühren. Tomaten, Basilikum und gebratene Mangoldwürfel untermischen und den Salat kühl stellen.

3. Die Mangoldblätter in einem Topf in kochendem Salzwasser ca. 5 Min. blanchieren. Herausnehmen, kalt abschrecken und abtropfen lassen. Die Blätter dann mit den Händen kräftig ausdrücken und in einen Standmixer geben.

4. Petersilie, Koriandergrün und Dill waschen und trocken schütteln. Blätter und Spitzen abzupfen. Knoblauch schälen. Kräuter, Knoblauch, Eier, Mehl, Muskatnuss, 1 Prise Salz und Pfeffer zum Mangold geben und alles grob pürieren. Den Schafskäse grob zerbröseln und unterrühren.

5. Den Backofen auf 60° vorheizen. In einer großen Pfanne 1 EL Öl erhitzen. Von der Mangoldmasse esslöffelgroße Portionen abstechen, in die Pfanne setzen und rund formen. Die Küchlein pro Seite in 3–4 Min. knusprig braten. Fertige Küchlein herausnehmen und im Backofen warm halten. Die restliche Mangoldmasse im übrigen Öl (1 EL) ebenso braten. Die warmen Mangoldküchlein mit dem gekühlten Tomatensalat servieren.

Vorratsküche im Sommer

Der Gabentisch zum Einmachen ist jetzt reicht gedeckt. Unbedingt mit dazu gehören Tomaten und Mirabellen. Eine selbst gemachte Tomatensauce darf im Vorratsschrank nämlich auf keinen Fall fehlen – nicht nur Kinder sind verrückt danach. Und wenn Sie mal schnell einen Nachtisch zaubern müssen, liegen Sie mit Mirabellen im Glas goldrichtig.

TOMATENSAUCE

4 Twist-off-Flaschen (à 500 ml)

30 Min. + 1 Std. Garen

Pro Flasche ca. 405 kcal

* 3,5 kg Tomaten
* Salz
* 3 Zwiebeln
* 6 Knoblauchzehen
* 4 Zweige Thymian
* 4 Zweige Rosmarin
* ½ Bund Petersilie
* 2 Lorbeerblätter
* 100 ml Olivenöl
* 2 Prisen Zucker
* Pfeffer

AUSSERDEM

* Küchengarn

1. Die Tomaten waschen, den Stielansatz herausschneiden und die Früchte an der Unterseite kreuzweise einschneiden. Die Tomaten 30–40 Sek. in kochendes Salzwasser legen. Herausnehmen, in kaltem Wasser abschrecken und abtropfen lassen. Dann die Haut mit einem Messer abziehen und die Tomaten grob würfeln.

2. Zwiebeln und Knoblauch schälen und fein würfeln. Thymian, Rosmarin und Petersilie waschen und trocken schütteln. Kräuter und Lorbeer mit Küchengarn zu einem Sträußchen zusammenbinden. Das Öl in einem großen Topf erhitzen. Zwiebel und Knoblauch darin glasig andünsten. Kräutersträußchen und 1 Prise Zucker kurz mitdünsten. Die Tomaten zufügen, kräftig mit Salz und Pfeffer würzen und bei mittlerer Hitze ca. 1 Std. köcheln lassen.

3. Danach das Kräutersträußchen entfernen und die Sauce mit Salz, Pfeffer und übrigem Zucker abschmecken. Nochmals aufkochen und randvoll in die sterilisierten Flaschen füllen. Diese verschließen und abkühlen lassen. Kühl und dunkel gelagert ist die Tomatensauce ca. 8 Monate haltbar.

6 Twist-off-Gläser (à 750 ml)

45 Min. + 40 Min. Garen

Pro Glas ca. 715 kcal

* 3 kg Mirabellen
* 6 Stangen Zimt
* 6 Sternanise
* 600 g Zucker

MIRABELLEN MIT ZIMT UND STERNANIS

1. Die Mirabellen waschen und mit einem kleinen Küchenmesser einmal einritzen. Die Früchte dann bis 2 cm unter den Rand in die sterilisierten Gläser schichten und gut andrücken. Jeweils 1 Zimtstange und 1 Sternanis in jedes Glas stecken.

2. Den Backofen auf 200° vorheizen. Den Zucker mit 2,5 l Wasser aufkochen. Die heiße Zuckerlösung dann über die Mirabellen gießen, bis die Gläser bis 1 cm unter den Rand gefüllt sind. Die Gläser verschließen, in eine Auflaufform stellen und zwei Drittel hoch kochendes Wasser zugießen.

3. Die Mirabellen im Ofen (Mitte) ca. 20 Min. garen. Die Temperatur dann auf 150° reduzieren und ca. 20 Min. weitergaren. Den Backofen ausschalten und die Gläser darin auskühlen lassen. Kühl und dunkel aufbewahrt sind die Mirabellen ca. 1 Jahr haltbar.

POMMES »FRITZ« MIT GESCHNETZELTEM

Immer montags wurden übrige Kartoffeln und der Rest des Sonntagsbratens zu diesem leckeren Gericht verarbeitet. Ich hatte Riesenhunger nach der Schule.

4 Personen

50 Min.

Pro Portion
ca. 540 kcal

---

* 10 mittelgroße Kartoffeln
* Salz
* 5 EL Olivenöl
* Pfeffer
* 250 g Hähnchenbrustfilet
* 1 Zwiebel
* 150 g Champignons
* ½ Bund Frühlingszwiebeln
* 70 ml Hühnerbrühe (s. S. 141, ersatzweise gekauft)
* 150 g Sahne
* 2 EL Zitronensaft
* 1 EL getrockneter Oregano
* 100 g Parmesan am Stück

1. Für die Pommes die Kartoffeln waschen, abtrocknen und mit Schale längs achteln. In einem Topf in reichlich Salzwasser 6–7 Min. vorkochen. Abgießen und ca. 5 Min. ausdampfen lassen.

2. Den Backofen auf 220° (Umluft) vorheizen, zwei Backbleche mit Backpapier belegen. Die Kartoffelspalten in einer Schüssel mit 4 EL Olivenöl vermischen und mit Salz und Pfeffer würzen. Dann auf den Backblechen verteilen und im Ofen (oben und unten) in 35–40 Min. goldbraun backen. Dabei gelegentlich wenden.

3. Inzwischen für das Geschnetzelte das Fleisch in mundgerechte Stücke schneiden. Zwiebel schälen und würfeln. Champignons putzen, bei Bedarf mit einem Tuch abreiben und grob würfeln. Frühlingszwiebeln putzen, waschen und in feine Ringe schneiden.

4. Das übrige Öl (1 EL) in einer Pfanne erhitzen und das Fleisch darin anbraten. Zwiebel und Champignons einrühren und mit Salz und Pfeffer würzen. Brühe, Sahne und Zitronensaft zugießen und alles 2–3 Min. köcheln lassen, bis eine sämige Sauce entsteht. Die Frühlingszwiebeln zufügen und das Geschnetzelte mit Salz und Pfeffer abschmecken.

5. Die Pommes aus dem Ofen nehmen und mit Oregano würzen. Mit dem Geschnetzelten auf vier Tellern anrichten. Den Parmesan darüberhobeln und servieren.

Tipp

Die Pommes gelingen auch mit übrig gebliebenen Pellkartoffeln vom Vortag. Sie werden einfach in grobe Stücke geschnitten. Da die Kartoffeln bereits weich sind, verkürzt sich die Garzeit im Backofen auf 20–25 Min.

FÄCHERKARTOFFELN MIT FENCHEL-MAYO UND TOMATEN

4 Personen

1 Std. 10 Min.

Pro Portion
ca. 715 kcal

* 8 mittelgroße Kartoffeln
* 100 g Parmesan am Stück
* 2 EL Butter
* 8 EL Olivenöl
* Salz, Pfeffer
* 2 Zweige Thymian
* 2 Zweige Rosmarin
* 150 g Fenchel
* 1 EL Fenchelsamen
* 100 g Mayonnaise
* 200 g bunte kleine Tomaten
* 40 g Oliven (entsteint)
* 2 Stangen junger Lauch
* 2 EL Essig
* 1 Prise Zucker

AUSSERDEM

* 8 Holz-Schaschlikspieße

1. Für die Kartoffeln den Backofen auf 200° vorheizen, ein Backblech mit Backpapier belegen. Die Kartoffeln waschen und abtrocknen. Dann mit einem Messer fächerartig dünn einschneiden, dabei jedoch die Kartoffeln nicht durchtrennen. Den Parmesan in dünne Scheiben schneiden und in die Einschnitte stecken.

2. Die Butter in einem Topf schmelzen und 4 EL Öl einrühren. Die Kartoffeln damit bestreichen und mit Salz und Pfeffer würzen. Thymian und Rosmarin waschen und trocken schütteln. Kartoffeln und Kräuterzweige auf dem Blech verteilen und im Ofen (Mitte) ca. 1 Std. garen. Die Kartoffeln dabei noch mehrmals mit der übrigen Butter-Öl-Mischung bestreichen.

3. Inzwischen für die Mayonnaise den Fenchel waschen, vierteln und den Strunk herausschneiden. Die Viertel in Streifen schneiden und in kochendem Salzwasser ca. 8 Min. blanchieren. Abgießen, kalt abschrecken und abtropfen lassen. Dann in einem hohen Rührbecher mit einem Pürierstab fein mixen. Fenchelsamen in einer Pfanne ohne Öl rösten und in einem Mörser zerstoßen. Fenchelsamen und Mayonnaise unter das Fenchelpüree rühren und mit Salz und Pfeffer würzen.

4. Tomaten waschen und klein schneiden. Oliven klein hacken. Lauch putzen, waschen, längs halbieren und in feine Scheiben schneiden. Essig, übriges Öl (4 EL), Salz, Pfeffer und Zucker zu einer Vinaigrette verrühren und unter den Salat heben.

5. Die Fächerkartoffeln aus dem Ofen nehmen. Mit Fenchel-Mayo und Tomatensalat auf vier Tellern anrichten und servieren.

Tipp

HAUSGEMACHTE MAYONNAISE

Für 400 g Mayonnaise 3 frische Eigelbe (M), 1 EL mittelscharfen Senf, 2 EL Zitronensaft und 2 EL Weißweinessig in einem hohen Rührbecher verrühren. Tröpfchenweise 300 ml Sonnenblumenöl untermixen, dabei den Pürierstab auf und ab bewegen, bis eine homogene Masse entsteht. Die Mayonnaise mit Salz und Pfeffer würzen. Im Kühlschrank ca. 3 Tage haltbar.

GEMÜSEPFANNE MIT EI UND PETERSILIENBRÖSELN

Das Rezept ist mein Favorit, wenn Reste aus dem Kühlschrank aufgebraucht werden müssen. Dafür eignet sich wirklich jedes Gemüse. Noch ein paar Eier dazu, Deckel drauf – fertig!

4 Personen

40 Min.

Pro Portion
ca. 490 kcal

* 5 Stängel glatte Petersilie
* 1 Bio-Zitrone
* 4 EL Semmelbrösel
* 8 EL Olivenöl
* Salz, Pfeffer
* 1 rote Paprika
* 1 gelbe Paprika
* 1 rote Chilischote
* 200 g Staudensellerie
* 2 kleine Auberginen
* 2 kleine Zucchini
* 3 Stangen junger Lauch
* 300 g bunte Kirschtomaten
* 2 Zweige Rosmarin
* 2 Zweige Thymian
* 1 EL Tomatenmark
* 2 EL Weißweinessig
* 100 ml Gemüsebrühe
* 200 g stückige Tomaten (aus der Dose)
* 8 Eier (M)

1. Für die Brösel die Petersilie waschen, trocken schleudern und die Blätter abzupfen. Zitrone heiß abwaschen, abtrocknen und die Schale fein abreiben. Petersilie, Zitronenschale und Semmelbrösel in einem hohen Rührbecher mit einem Pürierstab mixen, bis die Semmelbrösel grün sind. 4 EL Olivenöl einrühren, mit Salz und Pfeffer würzen und beiseitestellen.

2. Für die Gemüsepfanne Paprika und Chili waschen, halbieren, weiße Trennwände und Kerne entfernen. Die Hälften in kleine Würfel schneiden. Sellerie und Aubergine waschen, putzen und ebenfalls in kleine Würfel schneiden. Zucchini waschen, putzen, halbieren und die Kerne herausschaben. Die Hälften in kleine Würfel schneiden. Lauch putzen, waschen und in feine Ringe schneiden. Tomaten waschen und halbieren. Rosmarin und Thymian waschen, trocken schütteln, Nadeln und Blätter fein hacken.

3. Das übrige Öl (4 EL) in einer Pfanne erhitzen. Gemüsewürfel und Lauch darin ca. 5 Min. anbraten. Das Tomatenmark kurz mitrösten, dann mit Essig und Brühe ablöschen. Tomatenhälften, Dosentomaten und Kräuter zugeben. Das Gemüse mit Salz und Pfeffer würzen und ca. 5 Min. sanft köcheln lassen.

4. Die Pfanne vom Herd nehmen und die Hälfte vom Gemüse in eine zweite Pfanne umfüllen. Mit einem Löffel jeweils 4 Vertiefungen in das Gemüse drücken und jeweils 1 Ei hineinschlagen. Die Pfannen zurück auf den Herd stellen und die Eier zugedeckt bei mittlerer Hitze in 12–15 Min. stocken lassen.

5. Den Backofengrill auf 250° vorheizen. Die grünen Brösel auf das Gemüse streuen und im Ofen (oben) 1–2 Min. überbacken.

Tipp

Wenn Sie einen Flambierbrenner besitzen, bräunen Sie die Petersilienbrösel damit. Dann brauchen Sie den Backofengrill gar nicht.

SÜSSSAURE EIER MIT KARTOFFELPÜREE

Unser absolutes Lieblingsessen! Schon meine Oma hat es gekocht und mein Schwiegervater hat mir nun die perfekte Mischung aus Zucker und Essig verraten.

4 Personen

40 Min.

Pro Portion
ca. 750 kcal

- 250 g Schinkenspeck
- 110 g Butter
- 30 g Mehl
- 600 ml Milch
- 250 ml Gemüsebrühe
- 2 EL Zucker
- 5 EL Weißweinessig
- Salz, Pfeffer
- 8 Eier (M)
- 750 g Kartoffeln
- 1 Prise frisch geriebene Muskatnuss

1. Für die Eier den Speck in schmale Streifen schneiden. In einer beschichteten Pfanne 30 g Butter erhitzen und den Speck darin auslassen. 4 EL Speckstreifen für die Garnitur abnehmen.

2. Den restlichen Speck in der Pfanne mit Mehl bestäuben und unter Rühren anschwitzen. 500 ml Milch und Brühe zugießen und glatt rühren. Bei mittlerer Hitze unter Rühren aufkochen, bis eine sämige Sauce entsteht. Zucker und Essig einrühren und die Sauce mit Salz und Pfeffer abschmecken.

3. Die Eier einzeln aufschlagen und in die heiße Sauce gleiten lassen. Dann zugedeckt bei kleiner Hitze 10–15 Min. bis zum gewünschten Gargrad stocken lassen. Das Eigelb darf dabei ruhig noch etwas flüssig bleiben.

4. Für das Püree die Kartoffeln schälen und in kochendem Salzwasser weich garen. Danach abgießen und durch eine Kartoffelpresse in eine Schüssel drücken. Die restliche Milch (100 ml) aufkochen. Mit der übrigen Butter (80 g) unter die Kartoffeln rühren und das Püree mit ½ TL Salz und Muskatnuss abschmecken.

5. Kartoffelpüree und süßsaure Eier auf vier Tellern anrichten. Jeweils 1 EL gebratene Speckstreifen daraufgeben und servieren.

SOMMERLAUCH MIT KARTOFFELECKEN

Lauch gibt es das ganze Jahr über. Doch je nach Erntezeit unterscheiden sich die Stangen in Optik und Geschmack. So ist der hier verwendete Sommerlauch feiner und zarter im Geschmack als der dicke, herzhafte Winterlauch.

4 Personen

40 Min.

Pro Portion
ca. 530 kcal

---

* 4 Stangen Sommerlauch
* 600 g Kartoffeln
* grobes Meersalz, Pfeffer
* 3 EL Olivenöl
* 200 g Mandelblättchen
* 1 Bio-Zitrone
* 1 Bund glatte Petersilie
* 100 ml Buttermilch
* 1 EL Honig

1. Den Backofen auf 200° (Umluft) vorheizen, ein Backblech mit Backpapier belegen. Den Lauch putzen, der Länge nach halbieren und die äußeren grünen Blätter ablösen. Die Stangen waschen und über dem Spülbecken trocken schütteln.

2. Die Kartoffeln ebenfalls gründlich waschen. Dann längs halbieren und in gleichmäßige Spalten schneiden. Lauch und Kartoffeln auf dem Backblech verteilen, mit Salz und Pfeffer würzen und mit Öl beträufeln. Das Gemüse im Ofen (Mitte) ca. 25 Min garen.

3. Inzwischen die Mandelblättchen in einer Pfanne ohne Öl bei mittlerer Hitze rösten, dann aus der Pfanne nehmen. Die Zitrone heiß abwaschen und abtrocknen. Die Schale mit einem Sparschäler abziehen und ½ Zitrone auspressen. Den Saft beiseitestellen. Die Petersilie waschen und trocken schütteln.

4. Mandelblättchen, Zitronenschale und Petersilie mit dem Messer oder in einer Küchenmaschine fein hacken. Die Buttermilch mit dem Zitronensaft verrühren. Mit Honig, Salz und Pfeffer würzen.

5. Das Gemüse aus dem Ofen nehmen und auf vier Teller verteilen. Mit der Mandel-Kräuter-Mischung bestreuen und mit der Buttermilch zum Beträufeln servieren.

GEGRILLTE MAISKOLBEN MIT KRÄUTER-SCHAFSKÄSE

»Lass uns einen Maiskolben knabbern« – als Kind habe ich es geliebt, in den Feldern zu spielen und satt gegessen zurück zu Oma Hilde auf den Hof zu kommen. Heute serviere ich die Kolben gekocht, gegrillt und in Schafskäse gewälzt.

4 Personen

30 Min.

Pro Portion
ca. 505 kcal

* 4 Maiskolben
* Salz
* ½ rote Chilischote
* 3 EL Mayonnaise
* 2 EL Limettensaft
* 200 g Schafskäse (Feta)
* 1 TL Cayennepfeffer
* 3 Stängel Koriandergrün
* 8 große Minzeblätter
* 2 EL Butter

AUSSERDEM

* 8 Holzspieße

1. Von den Maiskolben eventuell vorhandene Hüllblätter und Fäden ablösen. In einem Topf Wasser aufkochen, salzen und die Maiskolben darin in 15–20 Min. weich garen.

2. Inzwischen die Chili waschen, halbieren, weiße Trennwände und Kerne entfernen. Die Hälften fein hacken und mit Mayonnaise und Limettensaft in einer Schale verrühren. Schafskäse auf einem Teller zerbröseln und den Cayennepfeffer untermischen. Koriandergrün und Minze waschen, trocken schütteln und fein hacken.

3. Die Maiskolben aus dem Wasser nehmen und trocken tupfen. Dann quer halbieren und jede Hälfte auf 1 Holzspieß stecken. Die Kolben mit der Butter bestreichen.

4. Den Grill oder eine Grillpfanne anheizen. Die Maiskolben auf dem Grill oder in der Pfanne 6–8 Min. grillen, bis sie knusprig sind und die Körner Blasen werfen. Dabei regelmäßig wenden.

5. Die gegrillten Maiskolben mit der Mayonnaise bestreichen, im Schafskäse wälzen und mit den Kräutern bestreuen. Die Maiskolben auf einer Platte anrichten und servieren.

FENCHEL MIT FETA UND PAPRIKA-AUBERGINEN-DIP

4 Personen

35 Min.

Pro Portion
ca. 345 kcal

* 3 rote Paprika
* 1 große Aubergine
* 1 Zwiebel
* 1 rote Chilischote
* 4 EL Olivenöl
* 1 EL Vanillezucker
* Salz, Pfeffer
* 60 ml passierte Tomaten (aus der Dose)
* 2 EL Obstessig
* 2 Stängel glatte Petersilie
* 2 Stängel Minze
* 4 Knollen Fenchel
* 250 g Schafskäse (Feta)

AUSSERDEM

* Flambierbrenner

1. Den Grill oder eine Grillpfanne anheizen. Für den Dip die Paprika waschen, halbieren, weiße Trennwände und Kerne entfernen. Die Hälften auf dem Grill oder in der Grillpfanne rösten, bis die Haut dunkle Blasen wirft. Die Schoten dann in eine Box legen, verschließen und ca. 5 Min. ruhen lassen.

2. Inzwischen die Aubergine waschen, putzen, in Scheiben schneiden und diese fein würfeln. Zwiebel schälen und fein würfeln. Chili halbieren, weiße Trennwände und Kerne entfernen und die Hälften klein schneiden.

3. Die gerösteten Paprika häuten und in kleine Würfel schneiden. In einer Pfanne 2 EL Olivenöl erhitzen. Paprika, Aubergine, Zwiebel und Chili darin anbraten. Das Gemüse mit Vanillezucker, Salz und Pfeffer würzen. Tomaten und Essig einrühren und alles bei kleiner Hitze ca. 10 Min. köcheln lassen.

4. Petersilie und Minze waschen und trocken schütteln. Die Blätter abzupfen und fein schneiden. Unter den Dip heben und diesen mit Salz und Pfeffer abschmecken.

5. Für den Fenchel die Knollen waschen, putzen und längs in 5 mm dicke Scheiben schneiden. Die Scheiben in kochendem Salzwasser ca. 2 Min. blanchieren. Herausnehmen, kalt abschrecken und trocken tupfen. Die Fenchelscheiben mit dem übrigen Olivenöl (2 EL) bestreichen und auf dem Grill oder in der Grillpfanne von beiden Seiten ca. 3 Min. grillen.

6. Die Fenchelscheiben in eine Auflaufform schichten. Den Schafskäse darüberbröseln und mit dem Flambierbrenner knusprig rösten. Den Fenchel mit dem Paprika-Auberginen-Dip servieren.

Tipp

Wenn Ihnen das Häuten der Paprika zu aufwendig ist, kaufen Sie einfach gehäutete Paprika im Glas. Sie sind in gut sortierten Supermärkten erhältlich. Sollten Sie keinen Flambierbrenner besitzen, überbacken Sie Fenchel und Schafskäse ca. 6 Min. unter dem 220° heißen Backofengrill.

SCHOLLE MIT SPECK-TRAUBEN UND LAUCHPÜREE

Scholle Finkenwerder Art kennt in Norddeutschland jeder. Die Trauben geben diesem feinen Fisch noch eine fruchtige Note. Das Lauch-Kartoffel-Püree ist eine köstliche Alternative zur klassischen Salzkartoffel.

4 Personen

1 Std.

Pro Portion
ca. 890 kcal

---

* 500 g mehligkochende Kartoffeln
* Salz
* 2 mittelgroße Stangen Lauch
* 180 g Butter
* 120 ml Milch
* 80 g Sahne
* Pfeffer
* 1 Msp. frisch geriebene Muskatnuss
* 100 g kernlose Weintrauben (blau und grün)
* ½ Bund Petersilie
* 1 Zwiebel
* 150 g gewürfelter Bauchspeck
* 4 Schollen (à 300 g, küchenfertig)
* 4 EL Zitronensaft
* 4 EL Mehl

1. Für das Püree die Kartoffeln schälen, in grobe Stücke schneiden und in kochendem Salzwasser weich garen. Abgießen und ausdampfen lassen. Inzwischen den Lauch putzen, waschen, längs halbieren und in dünne Scheiben schneiden. In einem Topf 20 g Butter erhitzen und den Lauch darin in ca. 2 Min. glasig anschwitzen. Milch und Sahne zugießen, aufkochen und ca. 5 Min. leicht köcheln lassen. Den Lauch mit Salz, Pfeffer und Muskatnuss würzen und mit einem Pürierstab fein mixen.

2. Für die Schollen die Trauben waschen, trocken tupfen und halbieren. Petersilie waschen, trocken schütteln und fein hacken. Zwiebel schälen und fein würfeln. Zwiebel und Speck in einer großen Pfanne 2–3 Min. braten. Herausnehmen und die Hälfte vom ausgetretenen Fett in eine zweite große Pfanne gießen.

3. Den Backofen auf 90° vorheizen. Die Schollen kalt abbrausen und trocken tupfen. Mit Salz und Pfeffer würzen, mit Zitronensaft beträufeln und im Mehl wenden. Überschüssiges Mehl abklopfen. In jeder Pfanne 20 g Butter erhitzen, je 1 Scholle auf der Hautseite hineinlegen und bei mittlerer Hitze in ca. 4 Min. knusprig braten. Dann vorsichtig wenden und in ca. 4 Min. fertig braten. Die Fische auf ein Backblech legen und im Ofen (Mitte) bei 90° warm halten. Die übrigen Schollen mit je 20 g Butter ebenso braten.

4. Die überschüssige Bratbutter aus einer Pfanne abgießen. Trauben, Petersilie und Zwiebel-Speck-Mischung in die Pfanne geben und 2–3 Min. durchschwenken.

5. Die Kartoffeln mit einem Kartoffelstampfer zerdrücken. Heiße Lauchmilch und restliche Butter (80 g) unterrühren. Das Püree mit Salz und Muskat abschmecken und in vier vorgewärmte Schälchen füllen. Die Schollen mit den Speck-Trauben auf vier ovalen Tellern anrichten. Das Püree dazustellen und servieren.

REIS TRAUTTMANSDORFF

Der österreichische Adelige Ferdinand von Trauttmansdorff liebte Süßspeisen. Dieser nach ihm benannte Klassiker war mein Prüfungsdessert am Ende meiner Lehre zum Küchenmeister. Ich bestand mit Bravour.

4 Personen

30 Min. + 3 Std. Kühlen

Pro Portion
ca. 615 kcal

* 1 Vanilleschote
* 250 ml Milch
* Salz
* 50 g Milchreis (Rundkornreis)
* 3 Blatt Gelatine
* 150 g Zucker
* 300 g Erdbeeren
* 2 cl Kirschwasser
* 250 g Sahne
* 100 g Mandelstifte

1. Für den Reis die Vanilleschote längs halbieren und das Mark herausschaben. Milch, Vanillemark und 1 Prise Salz in einem Topf aufkochen. Den Reis in einem Sieb kalt abspülen. Zur Vanillemilch geben, unter Rühren aufkochen und ca. 5 Min. köcheln lassen. Den Reis dann zugedeckt bei kleiner Hitze ca. 25 Min. quellen lassen, bis er weich, aber noch leicht bissfest ist.

2. Die Gelatine ca. 2 Min. in kaltem Wasser einweichen. Ausdrücken, mit 3 EL Zucker in den Reis rühren und diesen abkühlen lassen.

3. Inzwischen die Erdbeeren waschen, putzen und vierteln. Erdbeerstücke und Kirchwasser in einer Schale vermischen und bis zur Verwendung durchziehen lassen.

4. Die Sahne steif schlagen und vorsichtig unter den Reis heben. Den Milchreis in vier Gläser füllen und 2–3 Std. kühlen.

5. Für den Mandelkrokant ein Backblech mit Backpapier belegen. Übrigen Zucker und 60 ml Wasser in einer beschichteten Pfanne langsam erhitzen, bis der Zucker bräunt. Die Mandelstifte unterrühren und in ca. 1 Min. karamellisieren lassen. Die heiße Mandelmasse auf dem Blech verteilen und auskühlen lassen.

6. Die marinierten Erdbeeren auf den Milchreis geben. Den Mandelkrokant in Stücke brechen, darauf verteilen und servieren.

BEERENBLECHKUCHEN MIT VANILLESAHNE

August ist der Beerenmonat schlechthin, viele verschiedene Beeren sind jetzt erntereif. Bunt gemischt geben sie diesem schnell zubereiteten Blechkuchen ein sommerliches Flair.

20 Stücke

20 Min. + 30 Min. Backen

Pro Stück
ca. 240 kcal

* 500 g Sahne
* 200 g Zucker
* 2 Pck. Vanillezucker
* abgeriebene Schale von 1 Bio-Zitrone
* 5 Eier (M)
* 450 g Mehl
* 1 Pck. Backpulver
* 250 g Himbeeren
* 250 g Blaubeeren
* 250 g Brombeeren
* 250 g Schwarze Johannisbeeren

AUSSERDEM

* Butter und Mehl für das Blech

1. Den Backofen auf 200° vorheizen, ein Backblech mit Butter einfetten und mit Mehl bestäuben. 400 g Sahne, 150 g Zucker, 1 Pck. Vanillezucker und Zitronenschale in einer Rührschüssel mit den Rührbesen des Handrührgeräts halbsteif schlagen. Eier, Mehl und Backpulver locker unterrühren, sodass das Teigvolumen erhalten bleibt. Den Teig auf das Blech gießen und glatt streichen.

2. Die Beeren verlesen, nur bei Bedarf waschen und abtropfen lassen. Johannisbeeren von den Rispen streifen. Die Beeren auf dem Kuchen verteilen und mit dem übrigen Zucker (50 g) bestreuen. Den Kuchen im Ofen (Mitte) ca. 30 Min. backen. Herausnehmen und auskühlen lassen.

3. Übrige Sahne (100 g) und restlichen Vanillezucker halbsteif schlagen. Die Vanillesahne löffelweise auf dem Kuchen verteilen. Den Kuchen in Stücke schneiden und servieren.

Tipp

Nur wirklich stark verschmutzte Beeren müssen gewaschen werden. Denn Beeren saugen sich schnell mit Wasser voll und verlieren an Aroma.

SCHEITERHAUFEN MIT PFLAUMEN UND ZIEGENKÄSE

Der Sommer geht, die Pflaume kommt – mit Ziegenkäse und Nüssen in schönster Vollendung. Ein Hochgenuss als Dessert oder süßes Hauptgericht.

8 Stücke

45 Min. + 40 Min. Backen

Pro Stück
ca. 430 kcal

* 1 kg Pflaumen
* 150 g Zucker
* 100 ml weißer Traubensaft
* 50 g Walnusskerne
* 1 Kastenweißbrot
* 1 Zweig Rosmarin
* 5 Eier (M)
* 150 ml Milch
* Pfeffer
* 100 g Ziegenfrischkäse

AUSSERDEM

* Kastenform (25 cm lang)
* Butter für die Form

Tipp

Wer keine Kastenform hat, bäckt den Scheiterhaufen einfach in einer flachen Auflaufform. Je nach Höhe der Form dabei eventuell nur zwei Lagen einschichten.

1. Die Pflaumen waschen, halbieren und entsteinen. In einer Pfanne 75 g Zucker bei mittlerer Hitze karamellisieren, dabei regelmäßig umrühren. Mit dem Traubensaft ablöschen und etwas einkochen lassen. Die Pflaumen in den Sud geben und ca. 5 Min. darin köcheln, dann abkühlen lassen. Inzwischen die Nüsse hacken.

2. Den Backofen auf 180° (Oberhitze) vorheizen, ein Backblech mit Backpapier belegen. Das Brot längs in 3 Scheiben (1,5 cm dick) in Formgröße schneiden (Brotreste anderweitig verwenden). Die Scheiben auf das Blech legen und im Ofen (Mitte) von beiden Seiten 4–5 Min. rösten. Herausnehmen.

3. Den Rosmarin waschen, trocken schütteln und die Nadeln fein hacken. 3 Eier trennen, die Eiweiße kühlen. 1 Eigelb (übrige 2 Eigelbe anderweitig verwenden), übrige 2 Eier, 40 g Zucker, Milch und Rosmarin in einer Schüssel verquirlen. Die Form mit Butter einfetten und mit Backpapier auslegen, dabei das Papier am Rand 3–4 cm breit überstehen lassen.

4. Eine Brotscheibe in die Form legen, mit einem Drittel der Eiermilch begießen und leicht pfeffern. Darauf ein Drittel der Pflaumen verteilen, 50 g Käse darüberbröseln und mit der Hälfte der Nüsse bestreuen. Die zweite Brotscheibe darauflegen, mit einem weiteren Drittel Eiermilch begießen und mit einem Drittel der Pflaumen belegen. Restlichen Käse (50 g) und Nüsse darauf verteilen. Mit der dritten Brotscheibe abdecken und mit dem übrigen Drittel Eiermilch begießen. Ca. 20 Min. durchziehen lassen.

5. Den Backofen wieder auf 180° vorheizen. Den Scheiterhaufen im Ofen (Mitte) ca. 35 Min. backen. Inzwischen die Eiweiße mit dem restlichen Zucker (35 g) und 1 Prise Salz sehr steif schlagen. Den Auflauf aus dem Ofen nehmen und den Eischnee darauf verteilen. Die Ofentemperatur auf 200° erhöhen und den Auflauf im Ofen (Mitte) in ca. 5 Min. goldgelb überbacken.

6. Den Scheiterhaufen aus dem Ofen nehmen und lauwarm abkühlen lassen. Dann mit dem Papier aus der Form heben, in Stücke schneiden und mit dem restlichen Drittel Pflaumen servieren.

Herbst

Die letzten warmen Sonnenstrahlen, goldenes Laub, der erste Nebel – der Herbst ist da und die geschmacksintensivste Zeit des Jahres beginnt. Erntefrisch lassen Obst und Gemüse uns jetzt die Sonne und Wärme des Sommers auf der Zunge spüren.

SELLERIECREMESUPPE MIT MEERRETTICH UND BIRNE

Ob Staude oder Knolle, Sellerie hat Charakter und Geschmack. Früher war er ein »Arme-Leute-Essen«, heute ist er vor allem in der vegetarischen Küche beliebt.

4 Personen

35 Min.

Pro Portion
ca. 320 kcal

* 2 Birnen
* 1 TL Zucker
* 1 kleine Knolle Sellerie (300 g)
* 2 Zwiebeln
* 10 cm Meerrettichwurzel
* 3 EL Butter
* 2 EL Mehl
* 500 ml Gemüsebrühe
* 100 ml Birnensaft (ersatzweise Apfelsaft)
* 200 g Sahne
* 3 EL Sahnemeerrettich (aus dem Glas)
* Salz, Pfeffer
* 4 Stängel Kerbel

1. Den Backofen auf 180° vorheizen, ein Backblech mit Backpapier belegen. Die Birnen waschen und schälen. Die Schalen auf das Backblech legen, mit dem Zucker bestreuen und im Ofen (Mitte) in 10–12 Min. knusprig backen.

2. Inzwischen die Birnen vierteln, entkernen und in feine Würfel schneiden. Sellerie schälen und in 2 cm große Stücke schneiden. Zwiebeln schälen und grob würfeln. Meerrettich schälen und grob raspeln, 2 EL Raspel für die Dekoration beiseitelegen.

3. In einem Topf 2 EL Butter erhitzen. Sellerie, Zwiebeln, Meerrettichraspel und Hälfte der Birnen darin anschwitzen. Mit Mehl bestäuben, mit Gemüsebrühe, Birnensaft und Sahne ablöschen. Alles ca. 15 Min. köcheln lassen. Dann den Sahnemeerrettich zugeben, mit Salz und Pfeffer würzen und die Suppe im Topf mit einem Pürierstab fein mixen.

4. Die restliche Butter (1 EL) in einer Pfanne erhitzen und die restlichen Birnenwürfel darin 2–3 Min. braten. Den Kerbel waschen und trocken schütteln.

5. Die Selleriecremesuppe in vier Suppenschalen anrichten. Gebratene Birnen und übrige Meerrettichraspel daraufgeben, mit den Birnenchips und Kerbel garnieren und servieren.

Tipp

Ist die Suppe zu dick, rühren Sie noch Brühe unter, bis sie die gewünschte Konsistenz hat. Samtweich gelingt die Suppe, wenn sie nach dem Pürieren durch ein feines Sieb gestrichen und mit 2 EL kalter Butter aufgemixt wird.

RÄUCHERAAL-FENCHEL-SUPPE MIT EI

Räucheraal erinnert mich an meine Zeit in Hamburg. Ob mit Rührei, auf Pumpernickel oder nach durchzechter Nacht auf dem Fischmarkt – er schmeckt in allen Variationen.

4 Personen

30 Min.

Pro Portion
ca. 650 kcal

---

* 1 geräucherter Aal (250 g)
* 1 Knolle Fenchel
* 1 Zwiebel
* 2 EL Butter
* 2 EL Mehl
* 500 ml Fischfond (s. S. 141, ersatzweise gekauft)
* 200 ml Weißwein
* 200 g Sahne
* 4 Eier (M)
* ½ Bund Schnittlauch
* 1 TL Currypulver
* Salz, Pfeffer
* 4 EL Crème fraîche
* 2 EL Sahnemeerrettich (aus dem Glas)

1. Den Backofen auf 70° vorheizen. Den Aal häuten und den Kopf abschneiden, dann die Filets mit einem Messer entlang der Mittelgräte ablösen. Haut, Kopf und Gräten für die Suppe beiseitelegen. An den Filets eventuell verbliebene Gräten mit einer Pinzette entfernen und die Filets in 4 Stücke teilen. Die Filetstücke im Ofen (Mitte) bis zum Servieren erwärmen.

2. Den Fenchel waschen, putzen, halbieren und klein schneiden. Zwiebel schälen und klein würfeln. Die Butter in einem Topf erhitzen und die Fischreste darin anschwitzen. Fenchel und Zwiebel zugeben ca. 2 Min. mitdünsten. Dann das Mehl einrühren, Fischfond, Weißwein und Sahne zugießen und alles bei kleiner Hitze ca. 10 Min. köcheln lassen.

3. Inzwischen die Eier in ca. 7 Min. hart kochen. Danach kalt abschrecken, pellen und klein hacken. Schnittlauch waschen, trocken schütteln und in feine Röllchen schneiden.

4. Die Suppe durch ein Sieb in einen zweiten Topf gießen. Mit Currypulver, Salz und Pfeffer würzen, Crème fraîche und Meerrettich einrühren und wieder aufkochen.

5. Die Suppe mit einem Pürierstab aufmixen und in vier Schalen verteilen. Je 1 Aalfilet und die gehackten Eier darauf anrichten. Mit dem Schnittlauch bestreuen und servieren.

BOHNENSALAT MIT KRÄUTERN UND POCHIERTEM EI

Herbstzeit ist Bohnenzeit. Doch sind alle Sorten gleichermaßen köstlich, sodass ich mich nicht entscheiden kann, welche Bohnen ich am liebsten mag. Deshalb verwende ich hier gleich drei verschiedene.

4 Personen

45 Min.

Pro Portion
ca. 530 kcal

* 400 g weiße Bohnen (aus der Dose)
* 200 g grüne Bohnen
* 200 g gelbe Wachsbohnen
* Salz
* 8 Scheiben Bauchspeck
* 4 Zweige Rosmarin
* 4 Stängel Bohnenkraut
* 4 Zweige Zitronenthymian
* 1 rote Zwiebel
* 1 Knoblauchzehe
* 6 EL Olivenöl
* 50 ml Gemüsebrühe
* 120 ml Apfelessig
* 1 EL geräuchertes Paprikapulver
* 1 Msp. Zucker
* Pfeffer
* 2 EL Crème fraîche
* 4 Eier (M)
* 100 g Wildkräuter-Salat-Mix (aus dem Kühlregal, ersatzweise junger Grünkohl)
* 100 g Parmesan am Stück

1. Für den Salat die weißen Bohnen in ein Sieb abgießen, kalt abspülen und abtropfen lassen. Grüne und gelbe Bohnen putzen und waschen. Beide Sorten zusammen in kochendem Salzwasser 7–9 Min. blanchieren. Abgießen, kalt abschrecken und abtropfen lassen. Die Speckscheiben halbieren und in einer Pfanne ohne Öl von beiden Seiten knusprig braten.

2. Rosmarin, Bohnenkraut und Thymian waschen, Nadeln und Blätter fein hacken. Zwiebel schälen und fein würfeln. Knoblauch schälen und durchpressen. 1 EL Öl in einer Pfanne erhitzen. Kräuter, Zwiebel und Knoblauch darin glasig anschwitzen. Mit Brühe und 2 EL Essig ablöschen. Mit Paprikapulver, Zucker, Salz und Pfeffer würzen. Den Sud vom Herd nehmen und 4 EL Öl einrühren. Grüne, gelbe und 100 g weiße Bohnen untermischen. Den Bohnensalat mit Salz und Pfeffer würzen und beiseitestellen.

3. Die übrigen weißen Bohnen (300 g) mit übrigem Öl (1 EL) und 1 EL Essig in einem Mixer cremig pürieren. Kräftig mit Salz und Pfeffer würzen und die Crème fraîche unterrühren.

4. Für die pochierten Eier in einem Topf Wasser aufkochen, den restlichen Essig zugeben und salzen. Die Eier einzeln in Tassen aufschlagen. Durch Rühren mit einem Schneebesen im Wasser einen Strudel erzeugen und die Eier einzeln hineingleiten lassen. Den Topf vom Herd nehmen und die Eier 2–3 Min. im Wasser garen. Danach mit einer Schaumkelle herausheben.

5. Den Wildkräuter-Mix waschen und trocken schleudern. Das Bohnenpüree auf vier Teller verteilen. Bohnensalat und Wildkräuter-Mix darauf anrichten und mit der in der Pfanne verbliebenen Marinade beträufeln. Je 1 pochiertes Ei daraufsetzen und den gebratenen Speck dazulegen. Den Parmesan in Spänen darüberhobeln und servieren. Dazu passt Röstbrot.

HANDKÄS-AUFLAUF MIT ROTER BETE

Durch muss er sein dieser Sauermilchkäse, also gut gereift. Nur dann entfalten sich all seine Aromen. Traditionell wird er mit einer Marinade aus Essig, Öl und Zwiebeln zu Bauernbrot serviert. Mein Vorschlag: mit Brot knusprig gebacken.

4 Personen

45 Min.

Pro Portion
ca. 425 kcal

---

* 150 g Weißbrot vom Vortag
* 200 ml Milch
* 1 Msp. frisch geriebene Muskatnuss
* Salz, Pfeffer
* 1 Zwiebel
* ½ Bund glatte Petersilie
* 20 g Butter
* 2 Prisen Zucker
* 150 g Handkäse (Harzer Käse)
* 1 Ei (L)
* 1 EL Mehl
* 400 g gegarte Rote Bete (vakuumverpackt)
* 1 Bund Schnittlauch
* 2 EL Apfelessig
* 1 Msp. gemahlener Kümmel
* 4 EL Olivenöl

AUSSERDEM

* 4 ofenfeste Portionsförmchen (10 cm ∅)
* Butter und Semmelbrösel für die Förmchen

1. Das Brot in 2 cm große Würfel schneiden und in eine Schüssel geben. Milch aufkochen, mit Muskatnuss, Salz und Pfeffer würzen und über die Brotwürfel gießen. Ca. 10 Min. quellen lassen.

2. Den Backofen auf 180° vorheizen, die Förmchen mit Butter einfetten und mit Semmelbröseln ausstreuen. Zwiebel schälen und in Würfel schneiden. Petersilie waschen, trocken schütteln und die Blätter fein schneiden. Die Butter mit 1 Prise Zucker in einer Pfanne erhitzen und die Zwiebel darin in ca. 2 Min. glasig andünsten. Die Petersilie zugeben.

3. Den Käse in 1 cm große Würfel schneiden. Käsewürfel, gedünstete Zwiebel, Ei und Mehl unter die Brotwürfel heben, dabei jedoch nicht kneten. Die Masse bis zum Rand in die Förmchen füllen und im Ofen (Mittle) ca. 25 Min. backen.

4. Inzwischen die Rote Bete in grobe Stücke schneiden. Schnittlauch waschen, trocken schütteln und in feine Röllchen schneiden. Essig, Kümmel, übrige Prise Zucker, 1 Prise Salz und Pfeffer in einer Schüssel verrühren. Das Olivenöl löffelweise unterschlagen. Dann Schnittlauch und Rote Bete unterheben.

5. Den Auflauf aus dem Ofen nehmen und servieren. Den Rote-Bete-Salat dazu reichen.

Tipp

Ziehen Sie zum Verarbeiten der Roten Beten unbedingt Einweghandschuhe an. So schützen Sie Ihre Hände vor unschönen Flecken. Etwas Frischhaltefolie um das Schneidebrett gewickelt, verhindert das Verfärben des Bretts.

STRAMMER MAX MIT STEINPILZEN UND BLUTWURST

Wer hat ihn nicht schon als Kind gegessen, den »strammen Max«. Klassisch wird er mit Schinken und Spiegelei belegt serviert, bei mir gibt es diese Brotmahlzeit etwas anders.

4 Personen

30 Min.

Pro Portion
ca. 615 kcal

- 4 EL Butter
- 4 Scheiben frisches Bauernbrot
- 1 Knoblauchzehe
- 200 g mittelgroße Steinpilze
- 60 g mild geräucherte Blutwurst
- 1 kleine Zwiebel
- ½ Bund glatte Petersilie
- 2 Zweige Thymian
- 1 Zweig Rosmarin
- 6 EL Olivenöl
- 4 Eier (L)
- Salz, Pfeffer
- 100 g Crème fraîche
- 1 Bund Schnittlauch

1. In einer Pfanne 2 EL Butter erhitzen und die Brotscheiben darin bei mittlerer Hitze von beiden Seiten in ca. 2 Min. knusprig rösten. Knoblauch schälen. Die Brote aus der Pfanne nehmen, auf vier Teller legen und die Oberseite mit Knoblauch einreiben.

2. Die Steinpilze putzen, madige Stellen und den holzigen Strunk entfernen. Die Pilze bei Bedarf mit einem Tuch abreiben und in Scheiben schneiden. Blutwurst pellen, Zwiebel schälen, dann beides in dünne Scheiben schneiden. Petersilie, Thymian und Rosmarin waschen und trocken schütteln. Blätter und Nadeln abzupfen und fein hacken.

3. Das Olivenöl in der Pfanne erhitzen. Steinpilze und Zwiebel darin bei mittlerer Hitze ca. 5 Min. braten. Blutwurst und gehackte Kräuter zugeben und durchschwenken. Dabei darauf achten, dass die Blutwurst schmilzt, aber nicht zerfällt. Die Pilz-Blutwurst-Mischung auf die Brotscheiben verteilen.

4. Die übrige Butter (2 EL) in der Pfanne erhitzen. Die Eier nebeneinander hineinschlagen, mit Salz und Pfeffer würzen und in 3–4 Min. zu Spiegeleiern braten.

5. Die Crème fraîche mit 1 EL Wasser verrühren. Schnittlauch waschen, trocken schütteln in Röllchen schneiden und unterrühren. Die Sauce mit Salz und Pfeffer würzen. Jeweils 1 Spiegelei auf die Brote legen, mit der Schnittlauchsauce beträufeln und servieren.

Tipp

Verzichten Sie besser auf das Waschen der Steinpilze, denn sie saugen sich schnell mit Wasser voll und werden beim Weiterverarbeiten matschig. Wenn unbedingt nötig, 2 l Wasser und 2 EL Mehl in einer Schüssel verrühren. Die Pilze kurz darin waschen, in einer Salatschleuder trocken schleudern und auf ein Geschirrtuch legen.

BUTTERMILCH-FLAMMKUCHEN MIT BIRNEN UND NÜSSEN

Die knusprige Spezialität aus dem Elsass schmeckt sowohl süß wie auch herzhaft. Statt traditionell mit Speck, Zwiebeln und Sauerrahm serviere ich sie mit einem Belag aus Birnen und Haselnüssen.

4 Stück

45 Min. + 32 Min. Backen

Pro Stück
ca. 920 kcal

- 15 g frische Hefe
- 150 ml Buttermilch
- 4 EL Olivenöl
- Salz
- 375 g Mehl
- 3 reife Birnen
- 2 rote Zwiebeln
- 200 g Bergkäse am Stück
- 100 g Frischkäse
- 100 g saure Sahne
- 1 TL Honig
- 1 Msp. frisch geriebene Muskatnuss
- Pfeffer
- 2 Zweige Rosmarin
- 2 Zweige Zitronenthymian
- 80 g gehobelte Haselnusskerne

AUSSERDEM

- Butter für die Bleche
- Mehl zum Arbeiten

1. Für den Teig in einer Schüssel die Hefe in 50 ml lauwarmen Wasser auflösen. Buttermilch, Öl und 1 Prise Salz einrühren. Das Mehl zugeben und alles zu einem geschmeidigen Teig verkneten. Den Teig zugedeckt an einem warmen Ort 30–45 Min. gehen lassen.

2. Inzwischen für den Belag die Birnen waschen, vierteln und entkernen. Die Viertel in schmale Spalten schneiden. Zwiebeln schälen und in dünne Ringe schneiden. Den Bergkäse reiben, dann mit Frischkäse, saurer Sahne und Honig verrühren. Mit Muskatnuss, Salz und Pfeffer würzen. Rosmarin und Zitronenthymian waschen und trocken schütteln. Nadeln und Blätter fein schneiden.

3. Den Backofen auf 250° vorheizen, zwei Backbleche mit Butter einfetten. Den Teig nochmals gut durchkneten und auf der bemehlten Arbeitsplatte vierteln. Jedes Viertel zu einem dünnen Fladen ausrollen und auf ein Backblech legen. Die Fladen jeweils mit einem Viertel der Käsecreme bestreichen, mit einem Viertel der Birnenspalten und Zwiebelringe belegen und mit einem Viertel der Kräuter und Haselnüsse bestreuen.

4. Die Flammkuchen im Ofen (Mitte) nacheinander jeweils ca. 8 Min. backen. Dabei die Backbleche zweimal verwenden. Aus dem Ofen nehmen und sofort servieren.

Tipp

Eilige verwenden 1 Packung frische Flammkuchenböden (340 g) aus dem Kühlregal. Damit sparen Sie ca. 30 Min. Zeit.

ÜBERBACKENE PILZNUDELN MIT KRÄUTERKRUSTE

Pilzesammeln ist meine große Leidenschaft, ab dem Spätsommer hoffe ich Jahr für Jahr auf eine gute Saison. Pilze sind so vielfältig und schmecken allen.

4 Personen

45 Min.

Pro Portion
ca. 775 kcal

---

* 3 Zweige Rosmarin
* 3 Zweige Thymian
* 2 Stängel Basilikum
* 150 g Parmesan am Stück
* 3 EL Semmelbrösel
* 3 EL weiche Butter
* Salz, Pfeffer
* 4 Strauchtomaten
* 2 Zwiebeln
* 1 Knoblauchzehe
* 400 g Pilze (z. B. Maronen, Pfifferlinge, Steinpilze)
* 4 Stängel glatte Petersilie
* 300 g Bandnudeln (z. B. Linguine, Pappardelle)
* 4 EL Olivenöl
* 100 ml Weißwein
* 200 g Sahne
* 2 EL Zitronensaft

1. Rosmarin, Thymian und Basilikum waschen und trocken schütteln. Nadeln und Blätter abzupfen und fein hacken. Den Parmesan reiben. Geriebenen Käse, Semmelbrösel, Butter und Kräuter zu Streuseln verkneten. Mit Salz und Pfeffer würzen.

2. Die Tomaten waschen und in Würfel schneiden, dabei den Stielansatz entfernen. Zwiebeln und Knoblauch schälen und fein würfeln. Pilze putzen, bei Bedarf mit einem Tuch abreiben und grob schneiden. Petersilie waschen und trocken schütteln, die Blätter abzupfen und fein schneiden.

3. Den Backofen auf 220° (Oberhitze) vorheizen. Die Nudeln nach Packungsanweisung in Salzwasser bissfest garen.

4. Inzwischen das Öl in einer großen Pfanne erhitzen und die Pilze darin 2–3 Min. anbraten. Zwiebeln, Knoblauch und Tomaten zugeben, mit Salz und Pfeffer würzen und ca. 2 Min. mitbraten. Die Pilze mit Wein und Sahne ablöschen und etwas einkochen lassen. Petersilie, Zitronensaft und 1–2 EL Nudelkochwasser zugeben.

5. Die Nudeln in ein Sieb abgießen und kurz abtropfen lassen. Dann unter die Pilzsauce mischen und alles in eine Auflaufform füllen. Die Parmesanstreusel darauf verteilen und die Pilznudeln im Ofen (Mitte) in 4–6 Min. knusprig überbacken. Danach aus dem Ofen nehmen und in der Form servieren.

WEISSE GEMÜSEZWIEBELN MIT HACKFÜLLUNG

Zwiebelkuchen, Zwiebelsuppe oder Zwiebelsaft mit Zucker gegen die Erkältung. Zwiebeln sind gesund, hat Oma immer gesagt. Gut eingekellert sind sie immer verfügbar, günstig und vielseitig einsetzbar.

4 Personen

25 Min. + 40 Min. Garen

Pro Portion
ca. 385 kcal

* 4 große weiße Gemüsezwiebeln
* 1 rote Paprikaschote
* 2 Birnen
* 400 g gemischtes Hackfleisch (ersatzweise vegetarische Hack-Alternative)
* 1 EL Rosinen
* 1 TL getrockneter Majoran
* 1 TL scharfes Paprikapulver
* Salz, Pfeffer
* 1 EL Butterschmalz
* 200 ml Gemüsebrühe
* 2 Stängel Majoran
* 100 g Joghurt

1. Die Zwiebeln vorsichtig schälen, ohne dabei in die Zwiebelschichten zu schneiden. Einen Deckel abschneiden und beiseitelegen. Die Zwiebeln dann mit einem spitzen Küchenmesser oder mit einem Kugelausstecher bis ca. 5 mm an den unteren Rand aushöhlen. Das Zwiebelfruchtfleisch klein hacken.

2. Die Paprika waschen, vierteln, weiße Trennwände und Kerne entfernen. Die Birnen waschen, vierteln und entkernen. Paprika und Birnen in kleine Würfel schneiden.

3. Den Backofen auf 180° vorheizen. Hackfleisch, Zwiebelfruchtfleisch, Paprika, Birnen und Rosinen in eine Schüssel geben. Mit Majoran, Paprikapulver, 1 Prise Salz und Pfeffer würzen und alles verkneten. Die Hackmasse dann in die ausgehöhlten Zwiebeln füllen und die Deckel auflegen.

4. Das Butterschmalz in einem Bräter erhitzen. Die gefüllten Zwiebeln hineinsetzen und die Gemüsebrühe zugießen. Die Zwiebeln im Ofen (Mitte) 35–40 Min. garen.

5. Den Majoran waschen, trocken schütteln und die Blätter fein schneiden. In einer Schale mit dem Joghurt verrühren und den Dip mit Salz und Pfeffer würzen. Die Zwiebeln aus dem Ofen nehmen, auf vier Tellern anrichten und mit dem Dip servieren.

KNUSPRIGER CAMEMBERT MIT KÜRBIS-SALAT

Camembert mit Preiselbeeren – früher mochte ich das nie, denn oft war die Konfitüre zu süß und die Panade zu trocken. Heute jedoch ist der Käse in dieser herzhaft-fruchtigen Kombination mein heimlicher Favorit.

4 Personen

30 Min.

Pro Portion
ca. 815 kcal

- 100 g Nuss-Kerne-Mischung (z. B. Haselnusskerne, Kürbiskerne, Sonnenblumenkerne)
- 30 g Mehl
- 1 Ei (M)
- 50 ml Milch
- 4 Camemberts (à 125 g)
- ½ Hokkaido-Kürbis (300 g)
- 1 Knolle Fenchel
- 1 Birne
- 1 rote Zwiebel
- ½ Bund Schnittlauch
- 1 TL süßer Senf
- 1 EL Honig
- 4 EL Aceto balsamico
- 6 EL Olivenöl
- Salz, Pfeffer
- 3 EL Butterschmalz
- frische Gartenkräuter und Blüten

1. Für den Camembert die Nuss-Kerne-Mischung mit einem Messer mittelfein hacken und in einer Schale mit 1 EL Mehl vermischen. Ei und Milch in einer zweiten Schale verquirlen. Das restliche Mehl auf einen Teller geben. Die Camemberts zuerst im Mehl wenden, dann durch die Eiermilch ziehen und zuletzt in der Nuss-Kerne-Mischung wenden. Die Mischung gut andrücken.

2. Für den Salat den Kürbis waschen, Kerne und faseriges Fruchtfleisch entfernen. Fenchel waschen und putzen. Birne waschen, vierteln und entkernen. Kürbis, Fenchel und Birne dann in feine Scheiben hobeln oder schneiden. Zwiebel schälen und in feine Ringe schneiden. Schnittlauch waschen, trocken schütteln und in feine Röllchen schneiden. Alles in eine Schüssel geben.

3. Senf, Honig, Essig und Olivenöl in einer Schale verrühren. Die Vinaigrette mit Salz und Pfeffer würzen, über das geschnittene Gemüse träufeln und unterheben.

4. Das Butterschmalz in einer Pfanne erhitzen und die Camemberts darin von beiden Seiten knusprig ausbacken. Den marinierten Kürbis auf vier Teller verteilen und den gebackenen Camembert darauf anrichten. Mit Gartenkräutern und Blüten garnieren.

Vorratsküche im Herbst

Selbst eingemachte Gurken sind schon etwas Besonderes, und auch das Melonen-Chutney ist ein wenig exotisch. Beide bieten sich als kleines Mitbringsel für eine Party an oder sind ein außergewöhnliches Geburtstagsgeschenk für alle, die Selbstgemachtes schätzen.

LAVENDEL-HONIG-SENFGURKEN

6 Einmachgläser (à 500 ml)

1 Std. + 12 Std. Marinieren

Pro Portion (à 125 ml)
ca. 85 kcal

- 3 kg Schmorgurken
- 100 g Salz
- 750 ml Apfelessig
- 400 g flüssiger Lavendelhonig
- 6 Zweige Lavendel
- 6 Nelken
- 12 Dillblüten (ersatzweise Dillstängel)
- 12 getrocknete Chilischoten
- 6 TL Senfkörner

AUSSERDEM

- 6 Einmachgläser (à 500 ml, mit Gummiring, Deckel und Klammer)

1. Am Vorabend die Gurken waschen, schälen, längs halbieren und das Kerngehäuse mit einem Teelöffel herausschaben. Die Gurken dann nochmals längs halbieren und in 2 cm große Stücke schneiden. Die Gurkenstücke in einer Schüssel mit dem Salz vermischen und ca. 12 Std. im Kühlschrank ziehen lassen.

2. Am nächsten Tag die Gurken in einem Sieb abtropfen lassen. Den Backofen auf 200° vorheizen. Essig und 750 ml Wasser aufkochen, dann den Honig einrühren. Lavendel waschen und trocken schütteln. Je 1 Lavendelzweig, 1 Nelke, 2 Dillblüten, 2 Chilis und 1 TL Senfkörner in die sterilisierten Gläser geben. Die Gurken auf die Gläser verteilen und mit dem heißen Essigsud bis 1 cm unter den Rand auffüllen. Die Gläser mit Gummiring, Deckel und Klammer verschließen, in eine Auflaufform stellen und zwei Drittel hoch kochendes Wasser zugießen.

3. Die Gurken im Ofen (Mitte) ca. 20 Min. garen, bis sich in den Gläsern Bläschen bilden. Die Temperatur dann auf 150° reduzieren und ca. 20 Min. weitergaren. Den Backofen ausschalten und die Gläser darin auskühlen lassen. Kühl und dunkel gelagert sind die Gurken ca. 1 Jahr haltbar.

4 Personen

30 Min.

Pro Portion
ca. 160 kcal

* 2 kleine rote Zwiebeln
* 1 kleine rote Chilischote
* 400 g Cantaloupe-Melone (ersatzweise Honigmelone)
* 100 g Zucker
* 1 EL Honig
* 6 EL Weißweinessig
* Salz
* 1 Prise Cayennepfeffer
* 1 TL gemahlener Koriander
* 3 Stängel Koriandergrün

MELONEN-CHUTNEY

1. Zwiebeln schälen, halbieren und in feine Würfel schneiden. Chilischote waschen, halbieren, weiße Trennwände und Kerne entfernen. Die Hälften klein schneiden. Melone halbieren, entkernen und schälen. Das Fruchtfleisch in kleine Würfel schneiden.

2. Zucker, Honig und Essig in einem Topf unter Rühren aufkochen. Zwiebeln, Chili und Melone einrühren und bei mittlerer Hitze 15–20 Min. köcheln lassen. Das Chutney mit Salz, Cayennepfeffer und Koriander würzen, abkühlen lassen und kühlen.

3. Das Koriandergrün waschen, trocken schütteln, die Blätter abzupfen und grob hacken. Das Chutney damit bestreuen und servieren. Im Kühlschrank ist es 3–4 Tage haltbar.

Tipp

Das Chutney lässt sich auch ganz klassisch einmachen. Dafür noch heiß in 4 sterilisierte Twist-off-Gläser (à 125 ml) füllen, verschließen und kopfüber abkühlen lassen. Köstlich als Dip zu Gegrilltem und für Salate.

GEMÜSESTRUDEL MIT KÄSESAUCE

Strudel ist ideal für die Resteverwertung: Alles kommt hinein, aber keiner sieht es. Ob das Hackfleisch ist, Gemüse vom Vortag oder Stücke vom Braten – alles kann zu einer schmackhaften Füllung verarbeitet und einfach eingerollt werden.

4 Personen

50 Min.

Pro Portion
ca. 525 kcal

- 175 g Möhren
- 125 g Sellerie
- 125 g Brokkoli
- Salz
- 2 dünne Stangen junger Lauch
- 2 Zweige Rosmarin
- 2 Zweige Thymian
- 3 EL Butter
- 70 g TK-Erbsen
- 150 g stückige Tomaten (aus der Dose)
- Pfeffer
- 1 Rolle frischer Blätterteig (270 g, aus dem Kühlregal)
- 1 Eigelb (M)
- 100 g Camembert (ersatzweise würziger Weichkäse)
- 1 Bund Schnittlauch
- 150 ml Gemüsebrühe
- 200 ml Milch
- 2 EL Zitronensaft

1. Für den Strudel Möhren und Sellerie schälen, Brokkoli waschen und putzen. Alles in kleine Würfel schneiden. Das Gemüse in kochendem Salzwasser ca. 3 Min. blanchieren. In ein Sieb abgießen, kalt abschrecken und abtropfen lassen.

2. Den Lauch putzen, waschen und die Stangen in dünne Ringe schneiden. Rosmarin und Thymian waschen und trocken schütteln. Nadeln und Blätter abzupfen. Den Backofen auf 220° vorheizen, ein Backblech mit Backpapier belegen.

3. In einer Pfanne 1 EL Butter erhitzen, Lauch und Erbsen darin 3–4 Min. dünsten. Tomaten und blanchiertes Gemüse zugeben und alles bei mittlerer Hitze in ca. 3 Min. sämig einkochen lassen. Die Kräuter zugeben und kräftig mit Salz und Pfeffer würzen.

4. Den Blätterteig entrollen und samt Papier auf ein Geschirrtuch legen. Das Gemüse im vorderen Drittel des Teiges verteilen und diesen mithilfe des Tuchs straff aufrollen, dabei das Papier abziehen. Den Strudel mit der Naht nach unten auf das Blech legen.

5. Das Eigelb mit 1 TL Wasser verquirlen und den Strudel damit bestreichen. Den Strudel im Ofen (Mitte) 20–25 Min. backen.

6. Inzwischen für die Käsesauce den Camembert würfeln. Schnittlauch waschen, trocken schütteln und in Röllchen schneiden. Die übrige Butter (2 EL) in einem Topf schmelzen. Das Mehl mit einem Schneebesen einrühren und unter Rühren hell anschwitzen. Brühe und Milch zugießen und glatt rühren. Die Sauce unter Rühren aufkochen und bei kleiner Hitze ca. 5 Min. köcheln lassen. Vom Herd nehmen, Camembert und Schnittlauch einrühren. Die Sauce mit Zitronensaft, Salz und Pfeffer abschmecken.

7. Den Strudel aus dem Ofen nehmen. Vorsichtig in 4 Stücke schneiden und mit der heißen Käsesauce servieren.

PILZGULASCH MIT CREMIGEM SAUERKRAUT

Immer wieder sonntags stellt sich die Frage: Was essen wir? Gibt es eigentlich noch das klassische Sonntagsessen mit der ganzen Familie? Mit diesem vegetarischen Gulasch locken Sie Ihre Lieben sonntags mühelos an den Esstisch.

4 Personen

50 Min.

Pro Portion
ca. 410 kcal

* 2 Zwiebeln
* 2 Knoblauchzehen
* 2 Möhren
* ¼ Knolle Sellerie
* 1 rote Paprika
* 500 g gemischte Pilze (z. B. Champignons, Pfifferlinge, Steinpilze)
* 3 EL Butter
* 1 EL Olivenöl
* 1 EL Tomatenmark
* 100 ml Schwarzbier
* 200 ml Gemüsebrühe
* 250 g Sahne
* 300 g frisches Sauerkraut
* 1 Prise Zucker
* 1 Msp. Currypulver
* Salz, Pfeffer
* 100 g Crème fraîche
* 2 Stängel glatte Petersilie
* 1 EL Speisestärke (nach Belieben)

1. Für das Gulasch die Zwiebeln schälen und in kleine Würfel schneiden, 1 EL Zwiebelwürfel für das Sauerkraut beiseitelegen. Knoblauch schälen und fein hacken. Möhren und Sellerie schälen und klein würfeln. Paprika waschen, halbieren, weiße Trennwände und Kerne entfernen. Die Hälften würfeln. Die Pilze putzen, bei Bedarf mit einem Tuch abreiben und grob schneiden.

2. In einem Bräter 2 EL Butter und Öl erhitzen. Gemüse und Pilze darin bei großer Hitze ca. 3 Min. anbraten. Das Tomatenmark einrühren. Mit Bier, Gemüsebrühe und 100 g Sahne ablöschen und das Gulasch zugedeckt 15–20 Min. köcheln lassen.

3. Inzwischen für das Sauerkraut das Kraut in einem Sieb abtropfen lassen. Übrige Butter (1 EL) in einem kleinen Topf erhitzen und die übrigen Zwiebelwürfel (1 EL) darin anschwitzen. Das Sauerkraut zugeben, mit Zucker, Currypulver, Salz und Pfeffer würzen. Die restliche Sahne (150 g) zugießen und das Kraut ca. 10 Min. köcheln lassen. Zuletzt die Crème fraîche einrühren und das Rahmkraut bis zum Servieren ziehen lassen.

4. Petersilie waschen, trocken schütteln und die Blätter grob schneiden. Nach Belieben die Stärke mit etwas kaltem Wasser verquirlen und das Gulasch damit binden. Pilzgulasch und Kraut auf vier Tellern anrichten, mit der Petersilie bestreuen und servieren.

Tipp

Zu diesem köstlichen Herbstgericht schmecken Salzkartoffeln, Kartoffelrösti oder Kartoffelecken.

KÄSEKNÖDEL MIT PILZ-SPECK-SAUCE UND SPINAT

Knödel sind Klassiker der Hausmannskost, nicht nur im Alpenraum. Es gibt unzählige Varianten davon. Mein Favorit ist der Semmelknödel mit Käse, auf Spinat gebettet und mit einer Speck-Wein-Sauce.

4 Personen

45 Min.

Pro Portion ca. 995 kcal

- 500 g Brötchen vom Vortag (ersatzweise Toastbrot vom Vortag)
- 200 ml Milch
- ½ Bund glatte Petersilie
- 200 g kräftiger Bergkäse
- 4 Eier (M)
- Salz, Pfeffer
- 1 Msp. frisch geriebene Muskatnuss
- 500 g gemischte Pilze (Champignons, Pfifferlinge, Steinpilze)
- 8 dünne Scheiben Bauchspeck
- 5 EL Butter
- 50 ml Weißwein (ersatzweise Traubensaft)
- 300 g Sahne
- 500 g Blattspinat
- 1 kleine Zwiebel

Tipp

Wer keinen Bauchspeck verwenden möchte, ersetzt ihn durch 150 g Nusskerne. Diese in einer Pfanne ohne Öl rösten, grob hacken und zu den Pilzen geben.

1. Für die Knödel die Brötchen grob würfeln und in eine Schüssel geben. Die Milch aufkochen, über die Brötchen gießen und diese zugedeckt ca. 10 Min. quellen lassen. Inzwischen die Petersilie waschen, trocken schütteln und die Blätter fein hacken. Käse in Würfel schneiden. Petersilie, Käse und Eier zu den Brötchen geben. Mit Salz, Pfeffer und Muskat würzen und vermischen.

2. In einem großen Topf Wasser aufkochen und salzen. Parallel dazu aus der Knödelmasse mit angefeuchteten Händen 8 Knödel formen. Die Knödel dann in das siedende Wasser einlegen und in 15–20 Min. gar ziehen lassen.

3. Inzwischen für die Sauce die Pilze putzen und bei Bedarf mit einem Tuch abreiben. 4 Speckscheiben längs halbieren, die übrigen Scheiben würfeln. Die Speckstreifen in einer Pfanne ohne Öl knusprig braten, herausnehmen. 1 EL Butter in der Pfanne erhitzen, Pilze und Speckwürfel darin 3–4 Min. braten. Mit Salz und Pfeffer würzen, Wein und Sahne zugießen und einkochen lassen.

4. Spinat putzen, waschen und abtropfen lassen. Zwiebel schälen und klein würfeln. 1 EL Butter in einem mittelgroßen Topf erhitzen und die Zwiebel darin glasig anschwitzen. Den Spinat zugeben und zusammenfallen lassen. Mit Salz und Muskat würzen.

5. Die übrige Butter (3 EL) in einer zweiten Pfanne schmelzen und braun werden lassen. Die Knödel mit einer Schaumkelle aus dem Wasser heben, abtropfen lassen und in der Nussbutter wenden.

6. Spinat und und Pilz-Speck-Sauce auf vier Tellern anrichten. Jeweils 2 Knödel daraufsetzen, den gebratenen Speck darauflegen und servieren.

HOPPELPOPPEL MIT ZITRONEN-CHILI-JOGHURT

Dieser Berliner Klassiker wird meist mit Schinkenspeck serviert. Ich bereite diese Spielart des Bauernfrühstücks jedoch lieber vegetarisch mit Räuchertofu zu.

4 Personen

50 Min.

Pro Portion
ca. 540 kcal

- 600 g Kartoffeln
- Salz
- 1 große Zwiebel
- 200 g Räuchertofu
- 100 g Gewürzgurken (aus dem Glas)
- 100 g gegarte Rote Bete (vakuumverpackt)
- 2 Frühlingszwiebeln
- 1 Handvoll gemischte Gartenkräuter (z. B. Basilikum, Minze, Petersilie, Schnittlauch)
- 8 Eier (M)
- 100 g Sahne
- 2 EL Butterschmalz
- Pfeffer
- 1 Msp. frisch geriebene Muskatnuss
- ½ Bio-Zitrone
- ½ rote Chilischote
- 100 g Joghurt
- 1 Prise Zucker

1. Für den Hoppelpoppel die Kartoffeln waschen und in kochendem Salzwasser in 20–25 Min. weich garen. Abgießen, ausdampfen und etwas abkühlen lassen. Die Kartoffeln dann samt Schale in grobe Stücke schneiden.

2. Zwiebel schälen und in feine Ringe schneiden. Tofu, Gewürzgurken und Rote Bete in 1 cm große Würfel schneiden. Frühlingszwiebeln putzen, waschen und in feine Ringe schneiden.

3. Den Backofen auf 200° vorheizen. Kräuter waschen und trocken schütteln. Eier, Sahne und Kräuter in einen hohen Rührbecher geben. Mit Salz würzen und mit einem Pürierstab cremig mixen.

4. Das Butterschmalz in einer großen Pfanne erhitzen. Kartoffeln, Zwiebel und Tofu darin ca. 4 Min. braten. Gurken, Rote Bete und Frühlingszwiebeln einrühren. Mit Salz, Pfeffer und Muskat würzen und mit der Eiermasse übergießen. Die Kartoffel-Pfanne im Ofen (Mitte) ca. 15 Min. garen, bis die Eiermasse gestockt ist.

5. In der Zwischenzeit für die Joghurtsauce die Zitrone heiß abwaschen und abtrocknen. Die Schale abreiben, den Saft auspressen. Chili waschen, weiße Trennwände und Kerne entfernen und fein hacken. Den Joghurt mit Chili, Zitronenschale und -saft verrühren. Die Sauce mit Zucker, Salz und Pfeffer würzen.

6. Die Kartoffel-Pfanne aus dem Ofen nehmen und auf vier Teller verteilen. Mit der Joghurtsauce servieren.

Tipp

In diesem Gericht lassen sich Kartoffeln vom Vortag prima verwerten. Auch Gewürzgurken und Rote Bete können gegen Gemüsereste getauscht werden.

HÄHNCHEN MIT APFEL UND KARTOFFELSTÄBCHEN

4 Personen

1 Std.

Pro Portion
ca. 620 kcal

* 8 Stängel Minze
* 4 Zweige Thymian
* 2 Zweige Rosmarin
* 100 ml Apfelsaft
* 2 EL Zitronensaft
* 2 TL Honig
* 8 EL Olivenöl
* 50 g Mandelblättchen
* 3 säuerliche Äpfel
* 4 Hähnchenbrustfilets (à 120 g)
* Salz, Pfeffer
* 500 g festkochende Kartoffeln
* 500 ml Öl zum Frittieren

AUSSERDEM

* Fritteuse

1. Für das Hähnchen Minze, Thymian und Rosmarin waschen und trocken schütteln. Blätter und Nadeln abzupfen, grob hacken und in eine Schüssel geben. Mit Apfelsaft, Zitronensaft, Honig und 5 EL Olivenöl verrühren.

2. Die Mandelblättchen in einer Pfanne ohne Öl goldbraun rösten. Äpfel waschen, achteln und entkernen. Die Apfelspalten in eine Auflaufform legen, mit dem Kräuteröl beträufeln und vermischen.

3. Den Backofen auf 160° vorheizen. Die Filets mit Salz und Pfeffer bestreuen. Das restliche Öl (3 EL) in einer Pfanne erhitzen und die Filets darin von jeder Seite ca. 3 Min. anbraten. Dann auf die Kräuteräpfel legen und im Ofen (Mitte) 30–35 Min. garen.

4. Inzwischen für die Stäbchen die Kartoffeln waschen und abbürsten. Die Knollen zuerst in dünne Scheiben, dann in feine Streifen schneiden. Die Kartoffelstäbchen in einem Sieb gründlich mit Wasser abspülen. Auf ein Geschirrtuch geben und abtrocknen.

5. Das Frittieröl ca. 15 Min. vor dem Servieren in der Fritteuse auf 170° erhitzen. Die Kartoffelstäbchen darin portionsweise in 3–4 Min. knusprig frittieren. Mit einer Schaumkelle herausnehmen und auf Küchenpapier entfetten. Dann salzen.

6. Die Hähnchenbrustfilets mit den Apfelspalten auf vier Tellern anrichten. Die Kartoffelstäbchen mittig daraufsetzen, mit den gerösteten Mandelblättchen bestreuen und servieren.

Tipp

FRITTIEREN IM TOPF

Auch ohne Fritteuse gelingen die knusprigen Stäbchen. Dafür das Öl in einem hohen Topf erhitzen. Zur Probe einen Holzspieß hineintauchen. Wenn daran kleine Bläschen aufsteigen, ist das Öl heiß genug zum Frittieren. Das Öl nach dem Frittieren durch ein Sieb gießen und kühlen. So kann es mehrfach verwendet werden.

SCHUPFNUDELN MIT BLUMENKOHL

Auf der Feuerwache muss es immer schnell gehen. Und dort ist auch dieses Rezept entstanden. Blumenkohl und Spitzkohl sind unkompliziert zu verarbeiten. Dazu Haselnüsse als Eiweißlieferant, und schon sind alle fit für den Tag.

4 Personen

35 Min.

Pro Portion
ca. 670 kcal

- 600 g Blumenkohl
- 5 EL Olivenöl
- Salz, Pfeffer
- 3 Zweige Rosmarin
- 120 g gehobelte Haselnusskerne
- 1 kleiner Spitzkohl
- 2 rote Zwiebeln
- 3 Zweige Zitronenthymian
- 4 EL Butter
- 50 ml weißer Traubensaft
- 1 EL Weißweinessig
- 400 g Schupfnudeln (aus dem Kühlregal)
- 100 g Joghurt
- 1 EL Senf
- 1 TL flüssiger Honig

1. Den Backofen auf 220° vorheizen, ein Backblech mit Backpapier belegen. Blumenkohl putzen, waschen und in kleine Röschen schneiden. Die Röschen auf das Blech legen, mit 4 EL Olivenöl beträufeln und mit Salz und Pfeffer würzen. Den Rosmarin waschen und trocken schütteln. Die Nadeln abzupfen und auf den Blumenkohlröschen verteilen. Den Blumenkohl im Ofen (Mitte) in 20–25 Min. knusprig braun rösten.

2. Inzwischen die Haselnüsse in einer großen Pfanne ohne Öl rösten, dann herausnehmen. Den Spitzkohl waschen, putzen und vierteln. Den Strunk entfernen und die Viertel in feine Streifen schneiden. Zwiebeln schälen und in dünne Ringe schneiden. Thymian waschen, trocken schütteln und die Blätter abzupfen.

3. In der Pfanne 2 EL Butter erhitzen. Kohlstreifen und Zwiebelringe darin andünsten. Thymian zugeben, Traubensaft und Essig zugießen und einköcheln lassen. Den Kohl mit Salz und Pfeffer würzen.

4. Restliche Butter (2 EL) und Olivenöl (1 EL) in einer zweiten Pfanne erhitzen und die Schupfnudeln darin rundum knusprig anbraten. Die Schupfnudeln dann unter den Spitzkohl mischen und das Gemüse mit Salz und Pfeffer abschmecken.

5. Joghurt, Senf und Honig zu einem Dressing verrühren. Mit Salz und Pfeffer abschmecken. Spitzkohl und Schupfnudeln auf vier Tellern anrichten. Die Blumenkohlröschen darauf verteilen und mit den Haselnüssen bestreuen. Mit dem Dressing servieren.

MARONEN-PETERSILIENWURZEL-PIE MIT FILET

Von süß bis herzhaft wurden Eintöpfe schon immer gerne unter einer Blätterteighaube gebacken. In dieser Kombination ein Muss im Herbst.

4 Personen

1 Std.

Pro Portion
ca. 835 kcal

---

* 400 g Schweinefilet
* 2 Zwiebeln
* 6 Petersilienwurzeln
* 5 mittelgroße festkochende Kartoffeln
* 200 g gegarte Maronen (vakuumverpackt)
* 2 Zweige Rosmarin
* 2 Zweige Thymian
* 3 EL Rapsöl
* Salz, Pfeffer
* 1 EL Tomatenmark
* 1 TL Cayennepfeffer
* 1 TL edelsüßes Paprikapulver
* 200 ml roter Traubensaft
* 400 ml Gemüsebrühe
* 150 g Sahne
* 1 Rolle frischer Blätterteig (270 g, aus dem Kühlregal)
* 1 Eigelb (M)
* ½ Bund Schnittlauch
* 100 g Crème fraîche

AUSSERDEM

* 4 ofenfeste Portionsförmchen (10 cm ∅)

1. Das Fleisch kalt abspülen, trocken tupfen und die Silberhaut entfernen. Das Filet in 2 cm große Würfel schneiden. Zwiebeln schälen und grob würfeln. Petersilienwurzeln schälen und in grobe Stücke schneiden. Kartoffeln schälen und in Würfel schneiden. Maronen mit den Händen zerbrechen. Rosmarin und Thymian waschen und trocken schütteln, Nadeln und Blätter fein hacken.

2. In einem Bräter 1 EL Öl erhitzen und die Filetwürfel darin in ca. 4 Min. rundum anbraten. Mit Salz und Pfeffer würzen und auf einem Teller beiseitestellen. Dann Zwiebeln, Petersilienwurzeln, Kartoffeln und Maronen im Bräter anbraten. Tomatenmark, Cayennepfeffer, Paprikapulver und gehackte Kräuter einrühren und ca. 2 Min. mitrösten. Mit Traubensaft und 200 ml Gemüsebrühe ablöschen, aufkochen und ca. 15 Min. köcheln lassen.

3. Danach die Fleischwürfel wieder zugeben, übrige Brühe (200 ml) und Sahne zugießen und 5–10 Min. einköcheln lassen. Das Gulasch mit Salz und Pfeffer abschmecken.

4. Den Backofen auf 220° vorheizen. Den Blätterteig entrollen und 4 Kreise (10 cm ∅) ausstechen. Das Eigelb mit 1 EL Wasser verquirlen und den oberen Rand der Förmchen damit bestreichen. Das Gulasch hineinfüllen, dabei zum oberen Rand etwas Platz lassen. Mit den Blätterteigkreisen abdecken und die Kreise mit dem Eigelb bestreichen. Die Pies im Ofen (Mitte) 10–12 Min. backen, bis der Blätterteig knusprig goldbraun ist.

5. Inzwischen Schnittlauch, waschen, trocken schütteln und in Röllchen schneiden. Crème fraîche, Schnittlauch und 1 EL Wasser verrühren. Den Dip mit Salz und Pfeffer würzen. Die Pies aus dem Ofen nehmen und in den Förmchen mit dem Dip servieren.

GEFÜLLTER SELLERIE MIT ROSENKOHL UND APFEL

Sellerie besitzt viel Geschmack und ist seit Jahren aus der gehobenen Gastronomie nicht mehr wegzudenken. Wenn die Tage kühler werden, wärmt dieses charaktervolle Gericht von innen.

4 Personen

1 Std. 30 Min.

Pro Portion
ca. 480 kcal

- 2 Knollen Sellerie
- Salz, Pfeffer
- 3 EL Olivenöl
- 2 Zweige Rosmarin
- 2 Zweige Thymian
- 100 g Parmesan am Stück
- 4 EL Semmelbrösel
- 4 EL gemahlene Haselnusskerne
- 50 g Butter
- 4 mittelgroße Kartoffeln
- 100 g Zwiebeln
- 300 g Rosenkohl
- 1 Apfel
- ½ TL Kümmel
- 1 Msp. frisch gemahlene Muskatnuss
- 150 ml Gemüsebrühe

Tipp

Der gefüllte Sellerie ist alleine ein sättigendes vegetarisches Gericht. Er passt aber auch als Beilage zu Fisch und Fleisch.

1. Den Backofen auf 180° vorheizen. Sellerie gründlich waschen und eventuell anhaftende Erdreste abbürsten. Jeweils am Blattansatz und im Wurzelbereich eine dünne Scheibe abschneiden, sodass die Knollen gerade stehen. Die Knollen dann waagerecht halbieren, die Schnittflächen mit Salz und Pfeffer würzen und mit 2 EL Öl bestreichen. Die Selleriehälften in eine Auflaufform setzen und im Ofen 60–70 Min. backen.

2. Inzwischen Rosmarin und Thymian waschen und trocken schütteln. Nadeln und Blätter abzupfen und fein hacken. Parmesan reiben. Kräuter, Parmesan, Semmelbrösel, Haselnüsse, Butter und Salz zu Streuseln verkneten. Diese bis zur Verwendung kühlen.

3. Kartoffeln schälen und in 5 mm große Würfel schneiden. Zwiebeln schälen und klein würfeln. Rosenkohl waschen, den Strunk der Röschen keilförmig herausschneiden und die Blätter ablösen. Die Blätter in kochendem Salzwasser ca. 1 Min. blanchieren. Abgießen, kalt abschrecken und abtropfen lassen. Apfel waschen, vierteln und entkernen. Die Viertel in kleine Würfel schneiden.

4. Die gegarten Selleriehälften aus dem Ofen nehmen mit einem Esslöffel aushöhlen, dabei einen 1 cm breiten Rand belassen. Das Fruchtfleisch grob würfeln.

5. Den Backofen auf 250° (Oberhitze) schalten. Das übrige Öl (1 EL) in einer Pfanne erhitzen. Kartoffel- und Zwiebelwürfel darin 2–3 Min. anbraten, mit Kümmel, Muskat, Salz und Pfeffer würzen. Rosenkohlblätter, Apfelwürfel und Selleriefruchtfleisch zufügen und ca. 3 Min. mitbraten. Nochmals würzen.

6. Die Masse in die Selleriehälften füllen und die Streusel darauf verteilen. Im Ofen (oben) in ca. 5 Min. knusprig goldbraun überbacken. Die Hälften auf vier Tellern anrichten und servieren.

KÜRBIS IN MOHN MIT BROKKOLI-PÜREE

4 Personen

35 Min.

Pro Portion
ca. 715 kcal

* ½ Brokkoli (400 g)
* Salz
* 250 ml Milch
* 120 g Frischkäse
* 60 g Parmesan am Stück
* Pfeffer
* 1 Hokkaido-Kürbis (600 g)
* 2 Eier (M)
* 50 g Sahne
* 120 g Mohn
* 80 g Mehl
* 4 EL Butter
* 1 EL Olivenöl
* ½ Bund Schnittlauch
* 60 g Crème fraîche
* 2 EL Zitronensaft

1. Für das Püree den Brokkoli putzen, waschen und in kleine Röschen teilen. Die Röschen in kochendem Salzwasser in 10–12 Min. weich garen. In ein Sieb abgießen. Die Milch in einem Topf erhitzen. Brokkoliröschen und Frischkäse zugeben und alles mit einem Pürierstab fein mixen. Den Parmesan reiben und unterheben. Das Püree mit Salz und Pfeffer würzen.

2. Für den Kürbis den Hokkaido waschen, halbieren, Kerne und faseriges Fruchtfleisch entfernen. Die Hälften dann in 12 Scheiben (ca. 5 mm dick) schneiden. Die Scheiben salzen und pfeffern.

3. Eier und Sahne in einer Schale verquirlen. Mohn und Mehl getrennt in zwei tiefe Teller geben. Die Kürbisscheiben nacheinander zuerst im Mehl, dann in der Eiersahne und zuletzt im Mohn wenden. Den Mohn festdrücken.

4. Butter und Öl in einer Pfanne erhitzen und die Kürbisscheiben darin von jeder Seite in 2–3 Min. knusprig braten. Aus der Pfanne nehmen und auf Küchenpapier entfetten.

5. Den Schnittlauch waschen, trocken schütteln und in feine Röllchen schneiden. Crème fraîche, Zitronensaft und Schnittlauch verrühren. Brokkolipüree und Kürbisscheiben auf vier Tellern anrichten. Mit der Sauce beträufeln und servieren.

Tipp

Wer keinen Mohn mag, paniert den Kürbis stattdessen mit gehackten Mandeln oder Haferflocken.

Brühen

Eine gute Brühe ist die Grundlage vieler Gerichte, Brühpulver ist ein beliebtes Würzmittel für Eintöpfe und Schmorgerichte. Wenn Sie etwas Zeit übrig haben, bereiten Sie die würzigen Alleskönner doch einfach selbst zu.

GEMÜSEBRÜHPULVER

1 Schraubglas (250 ml)

15 Min. + 12 Std. Trocknen

Pro Portion (à 1 EL)
ca. 10 kcal

- ½ Knolle Sellerie mit Grün
- 1 Knolle Fenchel mit Grün
- 2 Möhren
- 1 Petersilienwurzel
- 2 Zwiebeln
- 1 Stange Lauch
- 1 großes Bund glatte Petersilie

1. Sellerie- und Fenchelgrün abschneiden und beiseitelegen. Sellerie, Fenchel, Möhren, Petersilienwurzel, Zwiebeln und Lauch schälen bzw. waschen. Sellerie, Möhren, Petersilienwurzel und Fenchel grob raspeln. Die Raspel in einem Geschirrtuch kräftig mit den Händen ausdrücken. Zwiebeln und Lauch in feine Scheiben schneiden. Den Backofen auf 60° schalten, zwei Backbleche mit Backpapier belegen. Das Gemüse darauf verteilen und im Ofen (oben und unten) ca. 6 Std. trocknen. Dabei einen Kochlöffel in die Ofentür klemmen, damit der Dampf entweichen kann.

2. Petersilie, Sellerie- und Fenchelgrün waschen, trocken schütteln und in feine Streifen schneiden. Die Kräuter auf dem Gemüse verteilen. Die Ofentemperatur auf 50° reduzieren und alles ca. 6 Std. weitertrocknen.

3. Die getrocknete Gemüsemischung aus dem Ofen nehmen und abkühlen lassen. Dann in einem Mixer möglichst fein zerkleinern. Das Pulver in das saubere Schraubglas füllen und verschließen. Dunkel aufbewahrt ca. 6 Monate haltbar.

Tipp

Das Pulver enthält kein Salz. Deshalb lässt es sich unabhängig von der Salzwürze dosieren. Im Herbst können Waldpilze mitgetrocknet werden.

HÜHNERBRÜHE

3 l

5 Std. + 12 Std. Abkühlen

Pro Portion (à 100 ml) ca. 5 kcal

* 1 Zwiebel * 1 Suppenhuhn (2,5 kg, küchenfertig) * 1 Möhre * ½ Knolle Sellerie * 1 Stange Lauch * 1 Kräutersträußchen (Thymian, Rosmarin, Petersilie) * 1 EL schwarze Pfefferkörner * 3 Wacholderbeeren * 2 Lorbeerblätter

1. Die Zwiebel samt Schale halbieren und die Hälften in einer Pfanne auf der Schnittfläche in ca. 5 Min. hellbraun anrösten. Das Huhn sorgfältig warm abwaschen. Möhre und Sellerie schälen. Lauch putzen und waschen. Das Gemüse in grobe Stücke schneiden. Kräutersträußchen waschen und trocken schütteln.

2. Einen großen Topf mit 5 l kaltem Wasser füllen. Geröstete Zwiebel, Huhn, Kräutersträußchen, Pfefferkörner, Wacholder und Lorbeer hineingeben. Aufkochen und bei kleiner Hitze ca. 4 Std. köcheln lassen. Dabei aufsteigenden Schaum mit einer Schaumkelle abnehmen. Dann das Gemüse zufügen und ca. 1 Std. weiterköcheln lassen. Gemüse, Kräuter und Gewürze abschöpfen und die Brühe mit dem Huhn ca. 12 Std. (am besten über Nacht) abkühlen lassen.

3. Danach das erkaltete Fett von der Oberfläche entfernen. Das Huhn herausnehmen, die Brühe durch ein mit einem Geschirrtuch ausgelegtes Sieb gießen. Nochmals aufkochen und je nach Rezept verwenden. Das Hühnerfleisch ablösen und anderweitig verwenden, z. B. für einen Salat oder ein Frikassee.

FISCHFOND

1,5 l

1 Std.

Pro Portion (à 100 ml) ca. 15 kcal

* 2 kg helle Fischgräten * 2 Knollen Fenchel * 2 Stangen Lauch * 3 Zwiebeln * 1 TL Fenchelsamen * 10 Pfefferkörner * 2 Zweige Thymian * 2 Zweige Rosmarin * 3 Lorbeerblätter

1. Die Fischgräten unter fließendem warmem Wasser abspülen. Fenchel putzen, waschen, halbieren und klein schneiden. Lauch putzen, längs halbieren, waschen und grob schneiden. Zwiebeln schälen und in Stücke schneiden. Fenchelsamen und Pfefferkörner in einem Mörser fein zerstoßen. Thymian und Rosmarin waschen und trocken schütteln.

2. Einen großen Topf mit 3 l kaltem Wasser füllen. Gräten, Gemüse, Gewürze und Kräuter hineingeben. Aufkochen und bei mittlerer Hitze ca. 40 Min. sieden lassen.

3. Den Fischfond danach durch ein mit einem Geschirrtuch ausgelegtes Sieb gießen und abkühlen lassen.

Tipp

Brühen sind frisch zubereitet bis zu 4 Tage im Kühlschrank haltbar. Im Tiefkühlschrank halten sie sich bis zu 6 Monaten und in Twist-off-Gläser eingemacht bis zu 12 Monaten.

OMAS MOHNKUCHEN MIT TRAUBEN

Als großer Italien-Fan habe ich Omas Klassiker leicht verändert. Jetzt harmoniert die Süße des Kuchens perfekt mit der Säure der Trauben. Wenn dann noch das Eis auf dem Kuchen schmilzt, entsteht ein wahrhaft göttlicher Genuss.

20 Stücke

45 Min. + 45 Min. Backen

Pro Stück
ca. 410 kcal

---

* 400 ml Milch
* 400 g Mohn
* 220 g brauner Zucker
* Salz
* 200 g Butter
* 4 Eier (M)
* 200 g gemahlene Haselnusskerne
* 100 g Semmelbrösel
* 1 TL Backpulver
* 1 TL Zimtpulver
* 600 g kernlose Weintrauben (blau und grün)
* 500 ml TK-Vanilleeis

1. Milch, Mohn, 200 g Zucker und 1 Prise Salz in einem Topf vermischen. Erhitzen und bei mittlerer Hitze ca. 10 Min. köcheln lassen. Den Topf vom Herd nehmen, 180 g Butter zur Mohnmasse geben und darin schmelzen lassen. Die Masse lauwarm abkühlen lassen.

2. Eier, Haselnüsse, Semmelbrösel, Backpulver und Zimt in einer großen Schüssel mit den Schneebesen des Handrührgeräts verquirlen. Die lauwarme Mohnmasse unterrühren.

3. Den Backofen auf 180° vorheizen, ein tiefes Backblech mit Backpapier auslegen. Die Trauben waschen und von den Rispen zupfen. Die Mohnmasse auf das Backblech geben, glatt streichen und 400 g Trauben gleichmäßig darauf verteilen. Den Kuchen im Ofen (Mitte) 40–45 Min. backen.

4. Danach den Kuchen aus dem Ofen nehmen und abkühlen lassen. Inzwischen die restlichen Trauben (200 g) halbieren. Übrige Butter (20 g) und übrigen Zucker (20 g) in einer Pfanne schmelzen lassen und die Trauben darin in ca. 2 Min. karamellisieren.

5. Den Kuchen in Stücke schneiden. Lauwarm mit den karamellisierten Trauben und 1 kleinen Kugel Vanilleeis servieren.

STAUB
STAUB

PFLAUMEN-CRUMBLE MIT BREZENSTREUSELN

Ein wunderbar schnelles Rezept: Saftige Pflaumen, knusprig-salzige Streusel und ein rasch gerührter Schmand-Dip sorgen für ein rundum gelungenes Dessert.

4 Personen

40 Min. + 30 Min. Backen

Pro Portion
ca. 570 kcal

---

* 100 g Butter
* 70 g Brezen mit Salz vom Vortag
* 100 g Mehl
* 40 g Haferflocken
* 100 g Zucker
* 500 g reife Pflaumen
* ½ Vanilleschote
* 200 g Schmand
* 1 EL Zitronensaft
* ½ TL Zimtpulver

AUSSERDEM

* runde Auflaufform (25 cm ∅, ersatzweise rechteckige Form 20 × 30 cm)
* Butter für die Form

1. Die Butter in einem Topf schmelzen. Die Brezen in 1 cm große Stücke schneiden und mit Mehl, Haferflocken und 80 g Zucker in einer Schüssel mischen. Die geschmolzene Butter zugießen und alles locker zu Streuseln verkneten.

2. Den Backofen auf 180° vorheizen, die Auflaufform mit Butter einfetten. Die Pflaumen waschen, halbieren und entsteinen. Die Hälften in Spalten schneiden. Vanilleschote längs halbieren und das Mark herausschaben. Pflaumen, Vanillemark und restlichen Zucker (20 g) in einer Schüssel vermischen.

3. Die Pflaumen dann in der Form verteilen und die Streusel gleichmäßig daraufstreuen. Den Crumble im Ofen (Mitte) ca. 30 Min. backen. Herausnehmen und kurz abkühlen lassen.

4. Schmand, Zitronensaft und Zimt verrühren. Den Crumble in der Form mit dem Zimtschmand servieren.

Tipp

Dieser köstliche Auflauf lässt sich je nach Jahreszeit auch mit Rhabarber, Pfirsichen oder Äpfeln zubereiten.

Winter

In der dunklen Jahreszeit sind wärmende Suppen, Eintöpfe und deftige Ofengerichte gefragt. Kohl und Wurzelgemüse sind die Stars der Saison. Man trifft sich gerne in der Küche zum Kochen und genießt das Essen mit der Familie bei Kerzenschein.

ZWIEBELSUPPE MIT BERGKÄSE

Gerade bei einfachen Gerichten achte ich besonders auf die Qualität der Zutaten. Eine gute Brühe, beste Zwiebeln und viel Liebe machen diese Suppe einzigartig.

4 Personen

40 Min.

Pro Portion
ca. 570 kcal

---

* 600 g weiße Zwiebeln (ersatzweise große Gemüsezwiebeln)
* 7 EL Olivenöl
* 2 Sternanise
* 1 EL getrockneter Estragon
* 1 l Hühnerbrühe (s. S. 141, ersatzweise gekauft)
* 50 ml Weißwein (ersatzweise Traubensaft)
* 50 ml Wermut (ersatzweise Sherry medium)
* 1 Bund glatte Petersilie
* 3 Brezen mit Salz vom Vortag
* Salz, Pfeffer
* 2 EL Butter
* 150 g Bergkäse am Stück

1. Die Zwiebeln schälen, halbieren und in dünne Scheiben schneiden. In einem Topf 4 EL Öl erhitzen. Zwiebeln, Sternanise und Estragon darin bei mittlerer Hitze hellbraun braten. Brühe, Wein und Wermut zugießen und ca. 20 Min. köcheln lassen.

2. Die Petersilie waschen, trocken schütteln und die Blätter abzupfen. Die Blätter mit dem restliche Olivenöl (3 EL) in einen hohen Rührbecher geben und mit einem Pürierstab fein mixen.

3. Den Backofen auf 220° (Oberhitze) vorheizen. Die Brezen in Scheiben schneiden. Die Butter in einer Pfanne erhitzen und die Scheiben darin knusprig rösten. Leicht mit Salz und Pfeffer würzen. Den Bergkäse grob reiben.

4. Die Suppe in vier ofenfeste Suppentassen verteilen. Die gerösteten Brezen in die Suppe legen und mit dem Käse bestreuen. Im Ofen (oben) 2–3 Min. überbacken, bis der Käse schmilzt.

5. Die Suppentassen aus dem Ofen nehmen und jeweils 1 EL Petersilienpüree auf die Suppe träufeln. Mit Pfeffer übermahlen und die Zwiebelsuppe sofort servieren.

Tipp

»Weine nicht, wenn du Zwiebeln schälst ...«, viel wurde schon über das Schneiden von Zwiebeln geschrieben, aber ein echtes Geheimrezept gibt es nicht. Was hilft: ein scharfes Messer, regelmäßig einen Schluck Wasser trinken und dann »Augen zu und durch«.

STECKRÜBENEINTOPF MIT GROBER BRATWURST

Lippische Ananas, Runkelrübe, Kohlrübe, Butterrübe, Erdkohlrübe oder Bodenkohlrabi – sie hat viele Namen. Früher war die Steckrübe ein Arme-Leute-Essen im Winter, heute ist sie eine beliebte Zutat für Eintöpfe und andere Gerichte.

4 Personen

45 Min.

Pro Portion ca. 710 kcal

- 150 g Zwiebeln
- ½ rote Chilischote
- 1 große Steckrübe (600 g)
- 2 Möhren
- 300 g festkochende Kartoffeln
- 600 g grobe Bratwürste
- 4 EL Olivenöl
- 2 TL geräuchertes Paprikapulver
- 1 EL Ras el Hanout
- 1 EL Ketchup
- 1,2 l Hühnerbrühe (s. S. 141, ersatzweise gekauft)
- 1 EL Rosinen
- Salz, Pfeffer
- 2 EL Zitronensaft
- 20 g Mandeln
- 8 Stängel Petersilie
- 1 Bio-Orange

1. Die Zwiebeln schälen und fein würfeln. Chili waschen, halbieren, weiße Trennwände und Kerne entfernen und hacken. Steckrübe, Möhren und Kartoffeln schälen und in 1–2 cm groß würfeln.

2. Die Bratwürste aus der Pelle drücken. Das Olivenöl in einem großen Topf erhitzen und das Wurstbrät darin in ca. 3 Min. rundum anbraten. Mit Paprikapulver würzen und herausnehmen.

3. Zwiebeln und Chili ins Bratfett geben und bei mittlerer Hitze glasig andünsten. Ras el Hanout zugeben und ca. 1 Min. mit anschwitzen. Das Ketchup kurz mitrösten. Mit der Brühe ablöschen, Gemüsewürfel und Rosinen zugeben, mit Salz und Pfeffer würzen und alles ca. 10 Min. köcheln lassen.

4. Danach das Wurstbrät zufügen und den Eintopf ca. 10 Min. weitergaren. Zuletzt mit Zitronensaft, Salz und Pfeffer abschmecken.

5. Inzwischen die Mandeln in einer Pfanne ohne Öl rösten. Petersilie waschen, trocken schütteln und die Blätter abzupfen. Orange heiß abwaschen, abtrocknen und die Schale dünn abreiben. Orangenschale, Mandeln und Petersilie in einem Blitzhacker fein zerkleinern oder mit einem Messer fein schneiden.

6. Den Eintopf in eine Suppenterrine füllen. Die Kräutermandeln daraufgeben und in der Terrine servieren.

Tipp

Geöffnete Gewürztüten gut verschlossen und an einem trockenen, dunklen Ort aufbewahren. So bleibt das Aroma der Gewürze 4–5 Monate erhalten.

DEFTIGE BROTSUPPE MIT ZIEGENKÄSE

4 Personen

30 Min.

Pro Portion
ca. 605 kcal

* 1 große Möhre
* ¼ Knolle Sellerie
* 150 g Zwiebeln
* 2 Knoblauchzehen
* 200 g Bauchspeck
* 300 g Brot vom Vortag
* 4 EL Butter
* 1 l Gemüsebrühe
* Salz, Pfeffer
* 4 EL Kürbiskerne
* 1 Bund Petersilie
* 4 EL Kürbiskernöl
* 4 EL Ziegenfrischkäse

1. Möhre und Sellerie schälen und in kleine Würfel schneiden. Zwiebeln und Knoblauch schälen und ebenfalls klein würfeln. 100 g Bauchspeck und 200 g Brot in kleine Würfel schneiden.

2. In einem mittelgroßen Topf 2 EL Butter erhitzen. Gemüse, Zwiebeln, Knoblauch, Speck- und Brotwürfel darin anbraten. Die Brühe zugießen und alles ca. 20 Min. köcheln lassen.

3. Inzwischen das restliche Brot (100 g) grob würfeln. Die übrige Butter (2 EL) in einer Pfanne erhitzen und die Brotwürfel darin knusprig braten. Herausnehmen und beiseitestellen. Dann den restlichen Bauchspeck (100 g) würfeln und mit den Kürbiskernen in der Pfanne bei mittlerer Hitze knusprig braten.

4. Die Petersilie waschen, trocken schütteln, die Blätter abzupfen und fein schneiden. Die Suppe mit Salz und Pfeffer würzen und die Petersilie einrühren.

5. Die Suppe in vier Suppentellern anrichten. Brot- und Speckwürfel und Kürbiskerne darauf verteilen. Jeweils mit 1 EL Kürbiskernöl beträufeln, 1 EL Ziegenfrischkäse daraufsetzen und servieren.

FISCHTOPF MIT WIRSING

»Moin«, sagen die Norddeutschen morgens, mittags und abends. Wenn sie Guten Appetit wünschen, dann heißt das »hungrigen Mund lett sik nich lang nödigen«. Hier kommt ein wunderbares Rezept aus Deutschlands Norden.

4 Personen

40 Min.

Pro Portion
ca. 425 kcal

* 500 g Miesmuscheln
* 1 Möhre
* 1 Zwiebel
* 2 Knoblauchzehen
* 3 EL Olivenöl
* 200 ml Weißwein
* ½ Wirsing (300 g)
* ½ Stange Lauch
* 8 mittelgroße Kartoffeln
* 100 g Bauchspeckwürfel
* 1 TL Fenchelsamen
* Salz, Pfeffer
* 1 l Gemüsebrühe
* 300 g Kabeljaufilet
* ½ Bund Dill
* 100 g Nordseekrabben
* 4 EL saure Sahne

1. Die Miesmuscheln unter fließendem kaltem Wasser abbürsten und den Bart abziehen. Bereits geöffnete Muscheln, die sich beim Zusammendrücken nicht mehr schließen, aussortieren. Die restlichen Muscheln abtropfen lassen.

2. Möhre schälen und grob schneiden, Zwiebel schälen und grob würfeln. Knoblauch schälen und in Scheiben schneiden. Den Backofen auf 60° vorheizen.

3. In einem Topf 1 EL Öl erhitzen. Möhre, Zwiebel und Knoblauch darin ca. 2 Min. braten. Die Muscheln hineinschütten und sofort mit Wein und 200 ml Wasser ablöschen. Zugedeckt 3–4 Min. köcheln lassen, bis sich die Muscheln geöffnet haben. Die Muscheln dann in ein mit einem Geschirrtuch ausgelegtes Sieb abgießen und den Fond auffangen. Geöffnete Muscheln auf einem Teller im Ofen (Mitte) warm halten, ungeöffnete Muscheln wegwerfen.

4. Den Wirsing waschen, vierteln und den Strunk herausschneiden. Die Viertel in Streifen schneiden. Lauch putzen, längs halbieren, waschen und in feine Streifen schneiden. Kartoffeln schälen und in 1 cm große Würfel schneiden.

5. Übriges Öl (2 EL) in einem großen Topf erhitzen. Speckwürfel, Wirsing, Lauch und Fenchel darin glasig andünsten. Muschelfond und Brühe zugießen, die Kartoffeln zugeben und alles bei kleiner Hitze ca. 15 Min. köcheln lassen. Mit Salz und Pfeffer würzen.

6. Den Kabeljau kalt abbrausen, trocken tupfen und in mundgerechte Stücke schneiden. Fisch und Muscheln in den Eintopf geben und ca. 5 Min. darin ziehen lassen. Den Eintopf zuletzt mit Salz und Pfeffer abschmecken.

7. Dill waschen und trocken schütteln. Die Krabben in vier Schalen verteilen und mit dem heißen Eintopf übergießen. Je 1 EL saure Sahne daraufsetzen, mit dem Dill bestreuen und servieren.

KRAUTSALAT MIT JOGHURT-DRESSING UND PARMESAN

Wie wäre es mit einem vitaminreichen Wintersalat? Durch das Joghurt-Parmesan-Dressing erinnert dieser Krautsalat an einen Caesar Salad, doch kommt mein Salat ganz ohne Mayonnaise aus.

4 Personen

30 Min.

Pro Portion
ca. 495 kcal

* 250 g Graubrot
* 1 Knoblauchzehe
* 4 EL Olivenöl
* 1 kleiner Spitzkohl (200 g)
* 1 kleiner Rotkohl (200 g)
* 2 Möhren
* 1 Kohlrabi
* 1 Bund Radieschen
* 1 Apfel
* 1 Bund Rucola
* 150 g Parmesan am Stück
* 200 g Joghurt
* 1 EL Honig
* 1 EL süßer Senf
* 2 EL Zitronensaft
* Salz, Pfeffer

1. Den Backofen auf 180° vorheizen, ein Backblech mit Backpapier belegen. Das Brot in grobe Würfel schneiden. Knoblauch schälen und klein schneiden. Beides auf das Backblech legen und mit dem Olivenöl beträufeln. Das Brot im Ofen (Mitte) in ca. 15 Min. knusprig rösten. Herausnehmen und abkühlen lassen.

2. Inzwischen Spitzkohl und Rotkohl waschen, vierteln und die Strünke herausschneiden. Die Viertel in feine Streifen schneiden. Möhren und Kohlrabi schälen und raspeln. Radieschen putzen, waschen und raspeln. Apfel waschen, vierteln und entkernen. Die Viertel ebenfalls raspeln. Rucola verlesen, waschen und trocken schleudern. Alles in einer Schüssel locker vermischen.

3. 50 g Parmesan reiben. Mit Joghurt, Honig, Senf, Zitronensaft, Salz und Pfeffer zu einem Dressing verrühren.

4. Dressing und Brotwürfel zum Salat geben und mit den Händen unterheben. Den Salat auf vier Tellern anrichten, den restlichen Parmesan (100 g) in Spänen darüberhobeln und servieren.

Tipp

Dieser Salat eignet sich ganz prima zum Mitnehmen in der Lunchbox für ein Mittagessen außer Haus.

ZUCKERHUTSALAT MIT HEISSEM LIMBURGER-BROT

Der winterharte Zuckerhut sieht aus wie Kohl, ist aber ein Salat. Mit seiner herben Note ist er eine köstliche Abwechslung zum Feldsalat. Besonders gut harmoniert er mit fruchtig-süßen Aromen.

4 Personen

30 Min.

Pro Portion ca. 720 kcal

* 4 rote Zwiebeln
* 2 EL Butter
* 1½ TL Zucker
* Salz, Pfeffer
* 80 ml roter Traubensaft
* 6 EL Weißweinessig
* 100 g Walnusskerne
* 100 ml Apfelsaft
* 1 TL körniger Senf
* 8 EL Olivenöl
* 1 Bund Schnittlauch
* 5 Stängel Dill
* 5 Stängel Kerbel (ersatzweise Petersilie)
* 2 Äpfel
* 4 Scheiben Bauernbrot
* 250 g Limburger Käse (ersatzweise Munster, Camembert)
* 400 g Zuckerhutsalat (ersatzweise Eisberg- oder Kopfsalat)

1. Für den Salat die Zwiebeln schälen und achteln. In einer Pfanne 1 EL Butter erhitzen und die Zwiebeln darin ca. 2 Min. anbraten. Mit ½ TL Zucker, Salz und Pfeffer würzen. Den Traubensaft und 2 EL Essig zugießen und zugedeckt bei kleiner Hitze ca. 10 Min. einkochen lassen. Die Walnüsse grob hacken und in einer zweiten Pfanne ohne Öl rösten. Herausnehmen und beiseitestellen.

2. Apfelsaft, übrigen Essig (4 EL) und Zucker (1 TL), Senf, 1 Prise Salz und Pfeffer in einer großen Schüssel verrühren. Das Öl nach und nach unterschlagen. Schnittlauch, Dill und Kerbel waschen und trocken schütteln. Den Schnittlauch in feine Röllchen schneiden, Dillspitzen und Kerbelblätter fein hacken. Äpfel waschen, vierteln, entkernen und in dünne Spalten schneiden. Kräuter und Äpfel zur Vinaigrette geben.

3. Für die Limburger-Brote den Backofen auf 220° vorheizen, ein Backblech mit Backpapier belegen. Die Brotscheiben mit der übrigen Butter (1 EL) bestreichen und in der Pfanne von beiden Seiten knusprig rösten. Dann herausnehmen.

4. Den Limburger entrinden, in Scheiben schneiden und auf 2 Brotscheiben verteilen. Mit den übrigen beiden Scheiben abdecken. Die Brote halbieren, auf das Backblech legen und im Ofen (Mitte) ca. 5 Min. garen, bis der Käse geschmolzen ist.

5. Inzwischen den Salat halbieren, waschen und trocken schütteln. Die Hälften quer in 2 cm breite Streifen schneiden. Salat und Walnüsse unter die Vinaigrette heben. Den Salat auf vier Schalen verteilen und die geschmorten Zwiebeln daraufgeben. Mit den heißen Limburger-Broten servieren.

Tipp

Sie besitzen einen Sandwichmaker? Auch darin lassen sich die Limburger-Brote prima zubereiten. Und Sie sparen sich das Aufheizen des Backofens.

SAURE KARTOFFELSTÜCKE MIT CABANOSSI UND GURKEN

Vor vielen Jahren verriet mein Freund Jens mir sein Familienrezept für dieses einfache, aber dennoch sehr schmackhafte Gericht. Es ist auf jeder Familienfeier und mittlerweile auch auf meiner Feuerwache sehr beliebt.

4 Personen

40 Min.

Pro Portion
ca. 660 kcal

---

* 700 g mehligkochende Kartoffeln
* 1 l Gemüsebrühe
* 6 große Gewürzgurken (aus dem Glas)
* 4 Cabanossi (Paprikawürste)
* 200 g Bauchspeck
* 2 EL Mehl
* 100 ml Gurkensud (aus dem Glas)
* Salz, Pfeffer
* 1 kleines Bund Petersilie

1. Die Kartoffeln schälen und in 2 cm große Würfel schneiden. Die Brühe in einem Topf aufkochen und die Kartoffelwürfel darin ca. 10 Min. garen. Inzwischen die Gewürzgurken abtropfen lassen und klein würfeln. Die Gurkenwürfel dann zu den Kartoffeln geben und ca. 10 Min. mitgaren.

2. Cabanossi und Bauchspeck in Würfel schneiden und in einer Pfanne anbraten. Mit Mehl bestäuben und dieses unter Rühren rösten. Mit dem Gurkensud ablöschen und glatt rühren. Die Mischung unter die gekochten Kartoffeln rühren, bis das Gemüse eine cremige Konsistenz hat. Eventuell noch etwas Gurkensud zugeben. Das Gemüse zuletzt mit Salz und Pfeffer abschmecken.

3. Die Petersilie waschen, trocken schütteln und die Blätter hacken. Das Gemüse mit der Petersilie bestreuen und servieren.

Tipp

Das Gemüse schmeckt aufgewärmt noch viel besser. Erhitzen Sie es allerdings behutsam, sonst brennt es schnell am Topfboden an.

KARTOFFEL-PASTINAKEN-PUFFER MIT GRÜNEM QUARK

Meine Kinder lieben knusprige Kartoffelpuffer, ich mag Kartoffeln und Quark. Das wiederum essen die Teenager nicht so gerne. Also haben wir einen »Deal« gemacht: Puffer + Quark = Like.

4 Personen

45 Min.

Pro Portion
ca. 550 kcal

* 600 g vorwiegend festkochende Kartoffeln
* 300 g Pastinaken
* 2 Eier (M)
* 2 EL Speisestärke
* Salz, Pfeffer
* 1 Bund Schnittlauch
* 3 EL Butter
* 100 ml Sonnenblumenöl
* 1 Bund gemischte Gartenkräuter (z. B. Dill, Basilikum, Estragon, Petersilie, Sauerampfer)
* 300 g Quark
* 50 ml Milch
* 2 EL Leinöl

1. Für die Puffer Kartoffeln und Pastinaken schälen und auf einer Küchenreibe grob raspeln. Die Raspel in einem Geschirrtuch kräftig ausdrücken und in eine Schüssel geben.

2. Eier und Speisestärke zu den Gemüseraspeln geben, mit Salz und Pfeffer würzen und vermischen. Den Schnittlauch waschen, trocken schütteln und in feine Röllchen schneiden. Unter die Kartoffel-Pastinaken-Masse rühren.

3. Den Backofen auf 80° vorheizen. Die Hälfte von Butter und Öl in einer großen Pfanne erhitzen. Die Kartoffel-Pastinaken-Masse löffelweise in die Pfanne setzen, zu kleinen Talern verstreichen und bei mittlerer Hitze von beiden Seiten jeweils ca. 3 Min. braten. Aus der Pfanne nehmen, auf Küchenpapier entfetten und im Ofen (Mitte) warm halten. Mit der restlichen Masse wiederholen und so 12 kleine Puffer backen.

4. Für den Quark die Kräuter waschen, trocken schütteln und die Blätter fein schneiden. Quark und Milch in einer Schale verrühren. Mit Salz und Pfeffer würzen und die Kräuter unterrühren. Den Quark mit Leinöl beträufeln und zu den Puffern servieren.

BLUMENKOHL-BIRNEN-SALAT MIT HASELNÜSSEN

Wenn das Angebot an frischem Gemüse in den Wintermonaten nicht mehr so groß ist, kommt bei uns dieser Salat auf den Tisch. Die Kombination aus Gemüse, Süße und Schärfe macht ihn besonders.

4 Personen

40 Min.

Pro Portion
ca. 525 kcal

- 1 Blumenkohl (700 g)
- 8 EL Olivenöl
- 1 Msp. Zimtpulver
- 1 Msp. gemahlener Kreuzkümmel
- Salz, Pfeffer
- 50 g Haselnusskerne
- 1 Stange Staudensellerie
- 2 Birnen
- ½ Bund glatte Petersilie
- 2 EL Obstessig
- 1 EL Apfeldicksaft (ersatzweise Agavendicksaft)
- ½ Baguette
- 2 EL Butter
- 4 EL Blauschimmelkäse
- 80 g Granatapfelkerne

1. Den Backofen auf 220° vorheizen. Blumenkohl putzen, waschen und in kleine Röschen teilen. In einer Auflaufform 4 EL Öl, Zimt, Kreuzkümmel, 1 Prise Salz und Pfeffer verrühren. Die Blumenkohlröschen untermischen und im Ofen (Mitte) in ca. 30 Min. knusprig braun backen. Herausnehmen und etwas abkühlen lassen.

2. Inzwischen die Haselnüsse grob hacken und in einer Pfanne ohne Öl goldbraun rösten. Sellerie putzen, waschen und entfädeln. Die Stange in schmale Scheiben schneiden. Birnen schälen, vierteln und entkernen. Die Viertel klein würfeln. Petersilie waschen, trocken schütteln und die Blätter fein hacken.

3. Essig, Apfeldicksaft und übriges Öl (4 EL) in einer großen Schüssel verrühren. Die Vinaigrette mit Salz und Pfeffer würzen. Blumenkohl, Nüsse, Sellerie, Birnen und Petersilie unterheben.

4. Den Backofengrill auf 250° vorheizen. Das Baguette schräg in 8 Scheiben schneiden. Die Butter in einer Pfanne erhitzen und die Scheiben darin von beiden Seiten rösten. Den Käse darauf verteilen und die Brote im Ofen (oben) ca. 2 Min. überbacken.

5. Den Salat in vier Schalen anrichten, mit den Granatapfelkernen bestreuen und mit je 2 Käsebroten servieren.

Tipp

Zu diesem winterlichen Salat schmecken Hähnchenspieße oder gebratener Fisch.

ROTE BETE MIT MARONEN UND LEBKUCHEN-JOGHURT

Dieses wunderbare Gericht läutet bei uns die Weihnachtszeit ein. Maronen und Lebkuchen erinnern mich an den Weihnachtsmarkt. In Kombination mit Roter Bete und Joghurt entsteht eine leichte Mahlzeit, die warm oder kalt schmeckt.

4 Personen

20 Min.

Pro Portion ca. 455 kcal

---

* 800 g gegarte Rote Bete (vakuumverpackt)
* Salz, Pfeffer
* 9 EL Olivenöl
* 200 g gegarte Maronen (vakuumverpackt)
* ½ Bund glatte Petersilie
* ½ Bund Dill
* ½ Bund Schnittlauch
* 1 EL Zitronensaft
* 100 g Joghurt
* 1 Msp. Lebkuchengewürz

1. Den Backofen auf 200° vorheizen, ein Backblech mit Backpapier belegen. Die Roten Beten in einem Sieb abtropfen lassen, vierteln und auf dem Blech verteilen. Mit Salz und Pfeffer würzen, mit 2 EL Olivenöl beträufeln und im Ofen (Mitte) ca. 15 Min. rösten.

2. Inzwischen eine große Pfanne erhitzen und die Maronen darin ohne Öl von jeder Seite ca. 2 Min. rösten, bis sie leicht bräunen. Vom Herd nehmen und beiseitestellen.

3. Petersilie, Dill und Schnittlauch waschen und trocken schütteln. Blätter, Spitzen und Halme grob schneiden. Die Kräuter mit Zitronensaft und 6 EL Öl in einen hohen Rührbecher geben und mit einem Pürierstab fein mixen. Das Püree mit Salz und Pfeffer würzen. Joghurt, übriges Öl (1 EL) und Lebkuchengewürz verrühren.

4. Die Roten Beten aus dem Ofen nehmen und mit den Maronen vermischen. Mit Salz und Pfeffer würzen und auf einer Servierplatte anrichten. Mit Lebkuchen-Joghurt und Kräuterpüree beträufeln und servieren.

Tipp

MARONEN

Maronen oder Esskastanien haben von September bis Februar Saison. Sie sind mit Schale oder bereits gekocht, geschält und vakuumiert zu haben. Bei ungeschälten Maronen die Schale mit einem Messer einritzen und die Maronen im 180° heißen Backofen ca. 30 Min. backen.

Vorratsküche im Winter

In der kalten Jahreszeit muss es manchmal süß sein, das erzeugt Glückshormone im Körper. Diese Konfitüre trägt ihren Teil dazu bei. Aber auch auf Herzhaftes haben wir Appetit. Wie wäre es mit scharf eingelegtem Mangold? Mit einer Scheibe Röstbrot schmeckt er einfach grandios.

BRATAPFEL-KONFITÜRE MIT MANDELN

10 Twist-off-Gläser (à 250 ml)

40 Min.

Pro Glas ca. 670 kcal

* 1 EL Butter
* 2 kg säuerliche Äpfel (z. B. Boskop)
* 200 g Marzipanrohmasse
* 200 ml Apfelsaft
* 1 Vanilleschote
* 1 TL Zimtpulver
* 1 TL Lebkuchengewürz
* 10 Tropfen Bittermandel-Backöl
* 100 g Mandelblättchen
* 100 g Rosinen
* 1 kg Gelierzucker 2:1

1. Den Backofen auf 180° vorheizen, eine Auflaufform mit Butter einfetten. Äpfel waschen, vierteln und entkernen. Die Viertel in grobe Stücke schneiden und in die Form geben. Marzipan in grobe Stücke zupfen und zufügen. Apfelsaft zugießen.

2. Die Vanilleschote längs halbieren und das Mark herausschaben. Vanillemark, Zimt, Lebkuchengewürz, Bittermandelöl und Mandelblättchen unter die Äpfel mischen. Im Ofen (Mitte) 25–30 Min. garen, bis die Äpfel weich und leicht gebräunt sind.

3. Die Äpfel aus dem Ofen nehmen, in einen hohen Topf umfüllen und mit einem Pürierstab nach Belieben stückig oder fein pürieren. Rosinen und Gelierzucker zugeben und die Apfelmasse unter Rühren einmal aufkochen. Die Konfitüre dann randvoll in die sterilisierten Gläser füllen. Die Gläser verschließen, ca. 15 Min. kopfüber stellen und abkühlen lassen. Kühl und dunkel gelagert ist die Konfitüre ca. 6 Monate haltbar.

Tipp

Die festliche Konfitüre ist ein feines Geschenk aus Ihrer Küche. Hübsch dekoriert macht sie sich prima als Mitbringsel oder auf dem Gabentisch.

2 Twist-off-Gläser (à 400 ml)

15 Min. + 30 Min. Garen

Pro Glas ca. 185 kcal

* 700 g bunter Mangold
* 2 Zweige Rosmarin
* 2 Zweige Zitronenthymian
* 150 ml Weißweinessig
* 70 g Zucker
* ½ TL Salz
* 2 Sternanise
* ½ TL Fenchelsamen
* ½ TL gelbe Senfkörner
* ½ TL schwarze Pfefferkörner
* ½ TL Korianderkörner

SCHARFER MANGOLD MIT SENF

1. Den Mangold gründlich waschen und die Blätter entlang der Stiele abschneiden. Die Mangoldstiele dann passend zur Höhe der Gläser zurechtschneiden. Rosmarin und Thymian waschen und trocken schütteln. Mangoldstiele und je 1 Rosmarin- und Thymianzweig in die sterilisierten Gläser füllen.

2. Den Backofen auf 90° vorheizen. Essig, 500 ml Wasser, Zucker und Salz aufkochen. Sternanise, Fenchel, Senf-, Pfeffer- und Korianderkörner einrühren. Den Sud in die Gläser füllen, bis der Mangold bedeckt ist. Die Gläser verschließen, in eine Auflaufform stellen und zwei Drittel hoch kochendes Wasser zugießen.

3. Den Mangold im Ofen (Mitte) ca. 30 Min. garen. Den Backofen dann ausschalten und die Gläser darin auskühlen lassen. Kühl und dunkel gelagert ist der Mangold ca. 6 Monate haltbar.

MAKKARONI MIT WEISSKOHL, ÄPFELN UND BERGKÄSE

Dieses Rezept ist sehr einfach, braucht nur wenige Zutaten und passt bestens in die kalte Jahreszeit. Und es erinnert ein wenig an Urlaub in den Bergen.

4 Personen

30 Min.

Pro Portion
ca. 615 kcal

---

* 300 g lange Makkaroni
* Salz
* 3 Äpfel (z. B. Boskop)
* 2 Zweige Rosmarin
* 100 ml Apfelsaft
* 1 Msp. Zimtpulver
* 1 Pck. Vanillezucker
* ½ kleiner Weißkohl (200 g)
* 2 EL Butter
* Pfeffer
* 200 ml Gemüsebrühe
* 1 Bund Schnittlauch
* 100 g Bergkäse am Stück (z. B. Appenzeller)
* 80 g Röstzwiebeln (Fertigprodukt)

1. Die Makkaroni nach Packungsanweisung in Salzwasser bissfest garen. In ein Sieb abgießen und abtropfen lassen.

2. Inzwischen die Äpfel schälen, vierteln und entkernen. Die Viertel klein schneiden. Rosmarin waschen, trocken schütteln und die Nadeln fein hacken. Äpfel, Rosmarin, Apfelsaft, Zimt und Vanillezucker in einem kleinen Topf bei mittlerer Hitze in ca. 10 Min. weich kochen. Dann mit einer Gabel grob zerdrücken.

3. Den Weißkohl waschen, vierteln und den Strunk herausschneiden. Die Viertel in feine Streifen schneiden. Die Butter in einer großen Pfanne erhitzen. Den Kohl darin bei mittlerer Hitze ca. 4 Min. anbraten, dabei mit Salz und Pfeffer würzen. Die Brühe zugießen und den Kohl ca. 6 Min. schmoren lassen. Zuletzt die heißen Nudeln locker unterheben.

4. Den Schnittlauch waschen, trocken schütteln und in feine Röllchen schneiden. Den Bergkäse grob reiben und in das Apfelpüree rühren. Schnittlauch und Apfel-Käse-Püree unter die Nudeln mischen. Die Makkaroni auf vier Tellern anrichten, mit den Röstzwiebeln bestreuen und servieren.

Tipp

Wenn Sie mal knapp mit der Zeit sind, bereiten Sie das Gericht einfach mit einem Glas fertig gekauftem Apfelmark zu.

SCHWARZWURZELN MIT ERBSEN-PÜREE UND MANDELSAUCE

Die wunderbare Wurzel hat zu Unrecht lange ein Schattendasein geführt. Ich verarbeite Winterspargel sehr gerne, auch wenn das Schälen etwas aufwendig ist.

4 Personen

50 Min.

Pro Portion
ca. 855 kcal

---

* 700 g Schwarzwurzeln
* 4 EL Zitronensaft
* 6 EL Olivenöl
* Salz
* 300 g TK-Erbsen
* 30 g Rucola
* 4 EL Butter
* Pfeffer
* 3 EL Semmelbrösel
* 250 g Mandelstifte
* 1 Knoblauchzehe
* 150 g Sahne
* 150 ml Mandeldrink
* 2 Eigelb (M)
* 50 ml Weißwein

1. Die Schwarzwurzeln unter Wasser abbürsten und schälen. Dann sofort in eine Schüssel mit kaltem Wasser und Zitronensaft legen, damit sie nicht braun werden.

2. Den Backofen auf 200° vorheizen, ein Backblech mit Backpapier belegen. Die Schwarzwurzeln je nach Dicke längs halbieren oder vierteln und auf das Backblech legen. Mit Olivenöl beträufeln, mit Salz bestreuen und im Ofen (Mitte) ca. 20 Min. garen.

3. Inzwischen für das Püree die Erbsen in kochendem Salzwasser ca. 3 Min. blanchieren. In ein Sieb abgießen, kalt abschrecken und abtropfen lassen. Den Rucola waschen und trocken schütteln. Die Erbsen mit 2 EL Butter in einer Pfanne wieder erhitzen, salzen und pfeffern. Dann mit dem Rucola in einem hohen Rührbecher mit einem Pürierstab fein mixen.

4. Die übrige Butter (2 EL) in einem Topf schmelzen. Semmelbrösel und 125 g Mandelstifte einrühren. Die Schwarzwurzeln aus dem Ofen nehmen und die Bröselmischung darauf verteilen. Den Backofen auf 200° (Oberhitze) schalten und die Schwarzwurzeln im Ofen (Mitte) 8–10 Min. überbacken.

5. Für die Sauce Knoblauch schälen und fein hacken. Die restlichen Mandelstifte (125 g) in einem Topf ohne Fett goldbraun rösten. Knoblauch, Sahne und Mandeldrink zugeben und alles bei kleiner Hitze ca. 10 Min. köcheln lassen. Eigelbe und Wein verquirlen und mit dem Pürierstab in die Mandelsauce rühren. Kurz aufkochen, bis die Sauce eine feine Bindung hat.

6. Die Mandelsauce auf vier Teller verteilen. Erbsenpüree und Schwarzwurzeln darauf anrichten und servieren.

Tipp

SCHWARZWURZELN SCHÄLEN

Statt die Wurzeln zu schälen, können Sie diese auch ungeschält 6–8 Min. in kochendem Wasser blanchieren und in Eiswasser abschrecken. Dann ziehen Sie die Schale einfach mit den Händen ab.

GRÜNKOHL-KARTOFFEL-RAGOUT MIT CHUTNEY

4 Personen

40 Min.

Pro Portion
ca. 435 kcal

* 2 Pastinaken
* 5 EL Olivenöl
* 1 TL edelsüßes Paprikapulver
* Salz, Pfeffer
* 600 g vorwiegend festkochende Kartoffeln
* 400 g Grünkohl
* 2 Zwiebeln
* 50 ml Rotwein
* 400 ml Gemüsebrühe
* 1 Dose stückige Tomaten (400 g)
* 2 Lorbeerblätter
* 2 Äpfel
* 1 rote Zwiebel
* 2 Zweige Thymian
* 2 Zweige Rosmarin
* 1 Pck. Vanillezucker
* 100 ml Apfelsaft
* 1 EL süßer Senf
* 150 g Frischkäse

Tipp

Die Chips können Sie auch mit Möhren, Kartoffelschalen, Auberginenschalen oder zerpflückten Grünkohlblättern zubereiten.

1. Für die Chips den Backofen auf 180 °C vorheizen, ein Backblech mit Backpapier belegen. Die Pastinaken schälen und mit einem Sparschäler längs in dünne Streifen hobeln. Die Streifen auf das Backblech legen. 2 EL Olivenöl, Paprikapulver, Salz und Pfeffer verrühren. Die Streifen mit dem Würzöl bestreichen und im Ofen (Mitte) in ca. 15 Min. knusprig backen.

2. Inzwischen für das Ragout die Kartoffeln schälen und in grobe Würfel schneiden. Grünkohl waschen, die Blätter von den Blattrippen streifen, grob zerpflücken und trocken schleudern. Zwiebeln schälen und in kleine Würfel schneiden.

3. In einem großen Topf 2 EL Öl erhitzen. Zwiebeln und Kartoffeln darin bei mittlerer Hitze anbraten. Mit Rotwein und Brühe ablöschen, Tomaten und Lorbeerblätter zugeben und 15–20 Min. einkochen lassen. Mit Salz und Pfeffer kräftig würzen.

4. Für das Chutney die Äpfel schälen, vierteln, entkernen und fein würfeln. Rote Zwiebel schälen, halbieren und in feine Ringe schneiden. Thymian und Rosmarin waschen und trocken schütteln. Blätter und Nadeln fein hacken. Das übrige Öl (1 EL) in einer Pfanne erhitzen. Äpfel, Zwiebelringe und Kräuter darin glasig anschwitzen. Mit Vanillezucker, Salz und Pfeffer würzen, mit Apfelsaft ablöschen und einkochen lassen. Zuletzt den Senf einrühren.

5. Den Grünkohl zu den Kartoffeln geben und das Ragout noch ca. 5 Min. köcheln lassen. Danach den Frischkäse einrühren und das Ragout mit Salz und Pfeffer abschmecken.

6. Das Ragout in vier Schalen anrichten und die Pastinaken-Chips dazulegen. Mit dem Apfel-Chutney servieren.

GRATINIERTE SAUERKRAUT-PFANNKUCHEN

Sauerkraut oder Sauerkohl gehört zur Hausmannkost, wie Rotkohl zur Weihnachtsgans. Durch die Milchsäuregärung wird Weiß- oder Spitzkohl haltbar gemacht. Wer viel Zeit hat, kann den Kohl gerne selbst fermentieren.

4 Personen

45 Min.

Pro Portion
ca. 770 kcal

* 2 Eier (M)
* 250 ml Milch
* 130 g Mehl
* Salz
* 100 g Pilze (z. B. Maronen, Pfifferlinge, Steinpilze)
* 500 g mildes Sauerkraut
* 1 Zwiebel
* 100 g Butter
* Pfeffer
* 120 g Sahne
* 200 g Frischkäse
* 80 g Bergkäse
* 1 EL Weißweinessig
* 1 TL Apfeldicksaft (ersatzweise Zucker)
* 2 EL Olivenöl
* 150 g Salat-Mix
* 50 g gehackte Haselnusskerne

AUSSERDEM

* Auflaufform (40 × 30 cm)
* Butter für die Form

1. Für den Teig Eier, Milch, Mehl und 1 Prise Salz in einer Schüssel glatt verrühren. Den Teig ca. 10 Min. quellen lassen.

2. Inzwischen für die Füllung die Pilze putzen, bei Bedarf mit einem Tuch abreiben und in kleine Würfel schneiden. Sauerkraut in einem Sieb kalt abspülen, abtropfen lassen und mit einem Messer grob schneiden. Zwiebel schälen und fein würfeln.

3. In eine Pfanne 2 EL Butter erhitzen. Pilze und Zwiebel darin ca. 3 Min. braten, mit Salz und Pfeffer würzen. Das Sauerkraut zufügen, 100 g Sahne zugießen und den Frischkäse einrühren. Bei kleiner Hitze leicht einköcheln lassen.

4. In einer beschichteten Pfanne 1 EL Butter erhitzen und eine Kelle Teig darin verteilen. Den Pfannkuchen bei mittlerer Hitze von jeder Seite in ca. 2 Min. hell ausbacken. Den fertigen Pfannkuchen aus der Pfanne nehmen und auf einen Teller legen. Mit dem restlichen Teig wiederholen und so 8 Pfannkuchen backen.

5. Den Backofen auf 180° vorheizen, die Auflaufform mit Butter einfetten. Auf jedem Pfannkuchen 2–3 EL Sauerkrautfüllung verteilen und aufrollen. Die Pfannkuchen in die Form legen. Mit der restlichen Sahne (20 g) beträufeln und den Bergkäse darüberhobeln. Im Ofen (Mitte) 15–20 Min. backen.

6. Essig, Apfeldicksaft und 1 Prise Salz in einer Schüssel verrühren. Das Olivenöl unterschlagen. Salat waschen und trocken schleudern. Mit den Haselnüssen unter die Vinaigrette heben.

7. Die Pfannkuchen aus dem Ofen nehmen. Mit dem Salat auf vier Tellern anrichten und servieren.

KOHL VOM BLECH MIT ORANGEN UND JOGHURT

Die Kälte kommt und damit auch die Zeit für Kohl. Blumenkohl, Rosenkohl, Brokkoli sind nur drei der vielen Kohlarten. Im Ofen gebacken, mit Früchten und einer erfrischenden Joghurtsauce entsteht eine spannende Kombination.

4 Personen

40 Min.

Pro Portion
ca. 430 kcal

* 300 g Rosenkohl
* 300 g Brokkoli
* 300 g Blumenkohl
* 6 EL Olivenöl
* 2 EL Zitronensaft
* Salz, Pfeffer
* 100 g Walnusskerne
* ½ Bund Schnittlauch
* 150 g Schafsjoghurt
* 1 EL Honig
* 2 Bio-Orangen
* 100 g junge Grünkohlblätter (küchenfertig, aus dem Kühlregal)

1. Den Backofen auf 200° vorheizen, zwei Backbleche mit Backpapier belegen. Rosenkohl waschen, putzen und die Röschen längs halbieren. Brokkoli und Blumenkohl putzen, waschen und in kleine Röschen teilen.

2. Das Gemüse auf den Blechen verteilen. Jeweils mit der Hälfte von Öl und Zitronensaft beträufeln und kräftig mit Salz und Pfeffer würzen. Im Ofen (Mitte) in 25–30 Min. knusprig braun backen.

3. Inzwischen die Walnüsse in einer Pfanne ohne Öl goldbraun rösten. Herausnehmen, kurz abkühlen lassen und grob hacken. Schnittlauch waschen, trocken schütteln und in feine Röllchen schneiden. Joghurt und Honig verrühren. Leicht mit Salz und Pfeffer würzen, Schnittlauch und Walnüsse unterheben.

4. Die Orangen dick schälen, dabei auch die weiße Innenhaut mit entfernen. Die Filets zwischen den Trennhäutchen herausschneiden. Grünkohl waschen und abtropfen lassen.

5. Das Gemüse aus dem Ofen nehmen und auf vier Tellern anrichten. Grünkohlblätter und Orangenfilets darauf verteilen. Mit dem Walnuss-Joghurt servieren.

Tipp

ORANGEN FILETIEREN

Dafür die Unter- und Oberseite der Früchte abschneiden. Dann die Schale samt weißer Innenhaut mit einem Messer streifenweise abschneiden, bis das Fruchtfleisch zu sehen ist. Zuletzt die Orangenfilets keilförmig zwischen den Trennhäutchen herausschneiden.

KARTOFFEL-ZANDER-AUFLAUF

Angeln ist meine Auszeit vom Job: einfach nur Ruhe und Stille am See. Aber auch beim Händler frischen Fisch zu holen, ist mir ein Vergnügen. Dieses norddeutsche Gericht schmeckt mit Zander, Hecht, Forelle oder Wels.

4 Personen

45 Min.

Pro Portion
ca. 540 kcal

- 800 g festkochende Kartoffeln
- Salz
- 3 Zwiebeln
- 2 EL Butter
- 200 g Sahne
- 4 TL körniger Senf
- 3 Eier (M)
- 600 g Zanderfilet ohne Haut
- Pfeffer
- ½ Salatgurke
- 3 Gewürzgurken (aus dem Glas)
- 5 Stängel Dill
- 3 EL Rapsöl

AUSSERDEM

- Auflaufform (40 × 30 cm)
- Butter für die Form

1. Für den Auflauf die Kartoffeln schälen und in Salzwasser in 20–25 Min. weich garen. Abgießen und ausdampfen lassen.

2. Inzwischen die Zwiebeln schälen und fein würfeln, ½ gewürfelte Zwiebel für das Gurkenhäckerle beiseitelegen. Die Butter in einer Pfanne erhitzen und die Zwiebeln darin glasig andünsten. Sahne, Senf und Eier in einer Schüssel verquirlen.

3. Das Zanderfielt kalt abbrausen, trocken tupfen und in 1 cm breite Streifen schneiden. Die gegarten Kartoffeln in 5 mm dicke Scheiben schneiden.

4. Den Backofen auf 200° vorheizen, die Form mit Butter einfetten. Die gedünsteten Zwiebeln darin verteilen. Dann Zander und Kartoffeln dachziegelartig in die Form schichten, dabei etwas salzen und pfeffern. Die Eiersahne gleichmäßig darübergießen und den Auflauf im Ofen (Mitte) ca. 15 Min. garen. Danach den Ofen auf 230° (Oberhitze oder Grillfunktion) schalten und den Auflauf noch ca. 5 Min. bräunen.

5. Für das Gurkenhäckerle die Salatgurke waschen, längs halbieren und die Kerne mit einem Teelöffel herausschaben. Salatgurke und Gewürzgurken fein würfeln. Dill waschen, trocken schütteln und die Spitzen abzupfen. Restliche gehackte Zwiebel, Gurkenwürfel, Dill und Öl vermischen.

6. Den Auflauf aus dem Ofen nehmen und in der Form servieren. Das Gurkenhäckerle dazu reichen.

KARPFENFILET MIT TRAUBEN UND SCHWARZWURZELN

Jahrzehntelang war Karpfen begehrt und beliebt, doch heute kommt der einheimische Fisch immer seltener als Festtagsessen auf den Tisch. Dabei ist er gut filetiert und behutsam gebraten ein außergewöhnlicher Weihnachtsgenuss.

4 Personen

45 Min.

Pro Portion
ca. 615 kcal

---

* 200 g kernlose Weintrauben (blau und grün)
* 2 Zwiebeln
* 3 EL Olivenöl
* 200 ml weißer Traubensaft
* 2 EL Honig
* 3 EL kalte Butter
* 500 g Schwarzwurzeln
* Salz
* 2 Msp. Currypulver
* 300 g Sahne
* 600 g Karpfenfilet mit Haut
* 3 EL Mehl
* Salz, Pfeffer

1. Die Trauben waschen, abtropfen lassen und halbieren. Zwiebeln schälen und längs vierteln. 1 EL Olivenöl in einer Pfanne erhitzen und die Zwiebeln darin bei mittlerer Hitze in 2–3 Min. glasig andünsten. Traubensaft und Honig einrühren und ca. 2 Min. weiterkochen lassen. Die Trauben zugeben und etwas einkochen lassen. Zuletzt 2 EL Butter einrühren und zugedeckt warm halten.

2. Die Schwarzwurzeln unter Wasser abbürsten. Dann in einem Topf in kochendem Salzwasser in 10–15 Min. bissfest blanchieren. Herausnehmen, in Eiswasser abschrecken und die Schale abziehen. Die Wurzeln schräg in ca. 2 cm große Stücke schneiden.

3. Die übrige Butter (1 EL) in einer Pfanne erhitzen und die Schwarzwurzeln darin anschwitzen. Mit Salz und Currypulver würzen. Die Sahne einrühren und langsam aufkochen.

4. Das Karpfenfilet kalt abbrausen, trocken tupfen und in 4 Stücke schneiden. Die Stücke salzen, im Mehl wenden und überschüssiges Mehl abklopfen. Das übrige Öl (2 EL) in einer großen Pfanne erhitzen und die Filetstücke darin auf der Hautseite bei mittlerer Hitze in ca. 4 Min. kross anbraten. Dann wenden und auf der zweiten Seite in 2–3 Min. fertig braten.

5. Schwarzwurzeln und je 1 Karpfenfilet auf vier Tellern anrichten. Die Trauben-Zwiebel-Sauce darauf verteilen und servieren.

KALTER HUND MIT GEWÜRZMANDELN

Kalter Hund, Lukullus, Kellerkuchen oder schwarzer Peter, dieser Klassiker der Hausmannskost hat viele Namen. Wer kennt ihn nicht aus Kindertagen. Ein tolles Rezept in der kalten Jahreszeit.

10 Stücke

40 Min. + 5 Std. Kühlen

Pro Stück
ca. 785 kcal

* 1 Eiweiß (M)
* 180 g Mandelblättchen
* ½ EL Zimtpulver
* 1 Msp. scharfes Paprikapulver
* Salz
* 1 Vanilleschote
* 160 g Sahne
* 200 g Kokosfett
* 300 g Vollmilch-Kuvertüre
* 300 g Zartbitter-Kuvertüre
* 300 g Butterkekse

AUSSERDEM

* Kastenform (25 cm lang)
* Öl für die Form

Tipp

Der kalte Hund lässt sich prima vorbereiten und im Kühlschrank problemlos ca. 3 Tage lagern.

1. Für die Gewürzmandeln den Backofen auf 220° vorheizen, ein Backblech mit Backpapier belegen. Das Eiweiß in einer Rührschüssel mit den Rührbesen des Handrührgeräts steif schlagen. Mandelblättchen, Zimt, Paprikapulver und 1 Prise Salz unterheben. Die Mandeln auf dem Blech verteilen und im Ofen (Mitte) ca. 15 Min. rösten. Herausnehmen und auskühlen lassen.

2. Für den kalten Hund die Kastenform mit Öl ausstreichen und mit Frischhaltefolie faltenfrei bis über den Rand auslegen. Die Vanilleschote längs halbieren und das Mark herausschaben. Die Sahne mit Kokosfett und Vanillemark in einem Topf langsam erhitzen, dabei gelegentlich umrühren.

3. Beide Kuvertüresorten grob hacken, in die warme Vanillesahne rühren und schmelzen lassen. Die Vanillesahne dabei eventuell nochmals bei mittlerer Hitze erwärmen.

4. Etwas warme Schokolade in die Kastenform gießen, bis der Boden bedeckt ist. 6 Butterkekse mittig dicht nebeneinander darauflegen, sodass zum Längsrand ein Abstand von ca. 5 mm bleibt. Die Kekse mit Schokolade bedecken und wieder eine Lage Kekse darauflegen. Dabei ebenfalls auf den Rand achten. So fortfahren, bis die Form gefüllt ist. Mit einer Schicht Kekse abschließen. Den kalten Hund mit der überstehenden Folie abdecken und mindestens 5 Std. (am besten über Nacht) im Kühlschrank fest werden lassen.

5. Die Gewürzmandeln grob hacken. Den Kekskuchen stürzen, die Folie entfernen und die Mandeln daraufstreuen. Den Kuchen in dicke Scheiben schneiden und servieren.

ZIMTSTREUSEL MIT VANILLECREME UND APFEL

Mehr Kindheitserinnerungen gehen nicht: Kuchenstreusel bei Oma naschen, Vanillecreme im Ferienlager und Bratapfel an Weihnachten. Für mein Lieblingsdessert schichte ich sie alle zusammen in ein Glas.

4 Personen

50 Min.

Pro Portion
ca. 740 kcal

---

* 100 g kalte Butter
* 150 g Mehl
* 200 g Zucker
* 1 TL Lebkuchengewürz
* 1½ TL Zimtpulver
* 1 Vanilleschote
* 500 ml Milch
* 4 Eigelb (M)
* 2 EL Speisestärke
* 4 Äpfel
* 1 Stängel Minze

1. Für die Streusel den Backofen auf 180° vorheizen, ein Backblech mit Backpapier belegen. 70 g Butter in kleine Würfel schneiden. Mit Mehl, 60 g Zucker, Lebkuchengewürz und 1 TL Zimt in eine Schüssel geben. Alles mit den Händen oder mit den Knethaken des Handrührgeräts zu groben Streuseln verkneten. Die Streusel auf dem Backblech verteilen und im Ofen (Mitte) in 15–20 Min. goldbraun backen. Herausnehmen und abkühlen lassen.

2. Inzwischen für die Creme die Vanilleschote längs halbieren und das Mark herausschaben. Das Mark mit 400 ml Milch in einem Topf langsam erhitzen. 70 g Zucker zugeben und die Vanillemilch bei kleiner Hitze ca. 5 Min. ziehen lassen.

3. Eigelbe, restliche Milch (100 ml) und Speisestärke verquirlen. Die Mischung in die heiße Vanillemilch rühren und unter Rühren aufkochen, bis eine dickflüssige Creme entsteht. Die Creme vom Herd nehmen und etwas abkühlen lassen.

4. Währenddessen die Äpfel schälen, vierteln und entkernen. Die Viertel grob würfeln und in einer Schale mit 1 EL Zucker und übrigem Zimt (½ TL) vermischen. Restliche Butter (30 g) und Zucker (70 g) in einer großen Pfanne erhitzen und schmelzen lassen. Die Apfelwürfel zugeben und zugedeckt bei mittlerer Hitze in 2–3 Min. karamellisieren lassen. Dabei gelegentlich umrühren.

5. Streusel, Äpfel und warme Vanillecreme in vier Gläser schichten. Die Minze waschen, trocken schütteln und die Blätter abzupfen. Das Dessert mit den Minzeblättern garnieren und servieren.

Tipp

AROMATISIEREN

Mit der ausgeschabten Vanilleschote können Sie Zucker oder Salz aromatisieren. Dafür die Schote einfach mit Zucker in ein Schraubglas geben und darin aufbewahren. Ebenso entsteht mit Salz ein feines Vanillesalz, das sich wunderbar zum Würzen verwenden lässt.

REGISTER

APPETIT AUF MEHR?

ISBN 978-3-8338-8436-8

ISBN 978-3-8338-8239-5

ISBN 978-3-8338-7955-5

ISBN 978-3-8338-7571-7

ISBN 978-3-8338-7914-2

ISBN 978-3-8338-7767-4

Alle hier vorgestellten Bücher sind auch als eBook erhältlich.

G|U

Mehr von GU auf **www.gu.de** und **facebook.com/gu.verlag**

LIEBE LESERINNEN UND LESER,

wir wollen Ihnen mit diesem Buch Informationen und Anregungen geben, um Ihnen das Leben zu erleichtern oder Sie zu inspirieren, Neues auszuprobieren. Wir achten bei der Erstellung unserer Bücher auf Aktualität und stellen höchste Ansprüche an Inhalt und Gestaltung. Alle Anleitungen und Rezepte werden von unseren Autoren, jeweils Experten auf ihren Gebieten, gewissenhaft erstellt und von unseren Redakteur*innen mit größter Sorgfalt ausgewählt und geprüft.

Haben wir Ihre Erwartungen erfüllt? Sind Sie mit diesem Buch und seinen Inhalten zufrieden? Wir freuen uns auf Ihre Rückmeldung. Und wir freuen uns, wenn Sie diesen Titel weiterempfehlen, in Ihrem Freundeskreis oder bei Ihrem Online-Kauf.

Sollten wir Ihre Erwartungen so gar nicht erfüllt haben, tauschen wir Ihnen Ihr Buch jederzeit gegen ein gleichwertiges zum gleichen oder ähnlichen Thema um.

KONTAKT ZUM LESERSERVICE

GRÄFE UND UNZER VERLAG
Grillparzerstraße 12
81675 München
www.gu.de

IMPRESSUM

GU ist eine eingetragene Marke der GRÄFE UND UNZER VERLAG GmbH, www.gu.de

ISBN 978-3-8338-8360-6
1. Auflage 2022

Projektleitung: Melanie Loser
Lektorat: Petra Teetz
Korrektorat: Adriane Andreas
Gesamtgestaltung: ki36 Editorial Design, München, Marta Olesniewicz
Fotografie: Mona Binner, Leonie Kantratowicz (Assistenz), Kaja Wehrhahn (Assistenz)
Foodstyling: Julia Luck
Herstellung: Susanne Fuhrmann
Satz: Christopher Hammond
Repro: Longo AG, Bozen
Druck & Bindung: aprinta GmbH, Wemding

Printed in Germany

Umwelthinweis:
Nachhaltigkeit ist uns sehr wichtig. Der Rohstoff Papier ist in der Buchproduktion hierfür von entscheidender Bedeutung. Daher ist dieses Buch auf PEFC-zertifiziertem Papier gedruckt. PEFC garantiert, dass ökologische, soziale und ökonomische Aspekte in der Verarbeitungskette unabhängig überwacht werden und lückenlos nachvollziehbar sind.

Bildnachweis:
Mona Binner Photographie: alle Rezeptbilder und S. 07, 08, 09, 10, 11
Jenny Stadthaus Fotografie: Cover, Inhalt, Vorwort
Stocksy: Kapitelaufmacher S. 12, 58, 100, 146
The Noun Project: Icons

Syndication:
www.seasons.agency
Die GU-Homepage finden Sie unter www.gu.de

Danksagung:
Viel Arbeit und Herzblut steckt in meinem ersten Kochbuch. Danke an den Gräfe & Unzer Verlag, meine Agentin Liane Kolf und Michi, die Frau an meiner Seite, die mich in jeder freien Minute unterstützt hat.

GRÄFE UND UNZER
Ein Unternehmen der
GANSKE VERLAGSGRUPPE